HEYNE BÜCHER

Stichwort

Holocaust

Annalena Staudte-Lauber

Originalausgabe

WILHELM HEYNE VERLAG
MÜNCHEN

HEYNE SACHBUCH
Nr. 19/4107

FACHLEKTORAT:
Willi Hanseder

REDAKTION:
Julia Bauer
(Ariadne Buchkonzeption)

GRAFIKEN:
Ralph Jenette; Design-Studio Fleischer

KONZEPTION UND REALISATION:
Christine Proske
(Ariadne Buchkonzeption)

Printed in Germany 1997
Umschlaggestaltung: Kaselow-Design
Herstellung: H + G Lidl, München
Satz: Satz & Repro Grieb, München
Druck und Verarbeitung: Pressedruck, Augsburg

ISBN 3-453-13177-0

Inhalt

I. Holocaust oder Shoah – Begriffsannäherung an das Unbegreifliche 7

II. Schrittweise Ausgrenzung der Juden bis 1938 9

1. Antisemitismus in Deutschland vor Hitlers Machtergreifung 9
2. Hitlers »Judenpolitik« bis 1935 16
3. Die Nürnberger Gesetze von 1935 20
4. Schwierigkeiten der Emigration 23
5. Verdrängung der Juden aus dem Wirtschaftsleben 28

III. Von der Pogromnacht bis zum Beginn des planmäßigen Völkermordes 30

1. Ursachen, Verlauf und Folgen der Reichspogromnacht 1938 30
2. Einrichtung der Ghettos und erste Deportationen 36
3. Einführung des Judensterns 42
4. Vernichtungspolitik ab 1941 44

IV. Der Völkermord an den Sinti und Roma 68

V. Auseinandersetzung mit dem Holocaust – der Prozeß der Erinnerung 73

1. »Wiedergutmachung« 73
2. Holocaust-Denkmäler 76
3. Erinnerungen von Überlebenden 84
4. Bildliche Darstellung 85
5. Leugnen des Holocaust 86
6. Jüngerer Streit um die Vergangenheit 90

Weiterführende Literatur 93
Stichwortregister 94
Verzeichnis der Grafiken 95

I. Holocaust oder Shoah – Begriffsannäherung an das Unbegreifliche

Anfangs, nach unserer Befreiung, liebe Freunde, wunderten wir uns, daß die Welt hinter den Krematorien einfach so weiter zu gehen schien, und wir spürten die Blicke unserer ermordeten Angehörigen und Mithäftlinge im Rücken. Wir spüren sie heute noch, sie begleiten uns durch jeden Tag, zu jedem Gespräch.

(Ausschnitt aus der Rede von Tadeusz Szymanski, Auschwitz-Überlebender und Mitbegründer der Gedenkstätte Auschwitz, anläßlich der Gedenkfeier zur 52. Wiederkehr des Befreiung des Konzentrationslagers am 27. Januar 1945)

Das Thema »Holocaust« bewegt bis zum heutigen Tag die Gemüter. Erst kürzlich wurde dies in Deutschland wieder deutlich anhand der bisweilen erregt geführten Debatte um das Buch des amerikanischen Historikers Daniel Goldhagen, der die Beteiligung der »ganz normalen Deutschen« am Völkermord als sehr weitreichend deutete. Das Grauen des Holocaust ist in seinem Ausmaß und seiner Konsequenz für den einzelnen nicht zu begreifen. Seit der Befreiung der Konzentrationslager durch die Alliierten sind über 50 Jahre vergangen. Doch erst jetzt sehen sich viele Zeitzeugen in der Lage, ihre Erfahrungen mitzuteilen. Dies ist um so wichtiger, als allein sie noch Zeugnis gegen das Vergessen ablegen können.

Der Holocaust bedeutete den Austritt der Deutschen aus der Gemeinschaft der zivilisierten Völker. Nie zuvor hatte ein Staat beschlossen, eine ausgewählte Gruppe der Bevölkerung ohne Unterschied und Ansehen der Person, egal welchen Alters oder Geschlechts möglichst rasch und möglichst effektiv zu töten, und eigens dafür Lager geschaffen. Immer wieder fragt man sich, wie es zu der Ausrottung von Millionen von Juden kommen konnte.

Antisemitismus, blinder Gehorsam sowohl der Bevölkerung als auch innerhalb der Behörden und staatlichen Einrichtungen sowie eine gewisse Gleichgültigkeit seitens des Auslands waren sicher wichtige Faktoren.

Der mit unglaublicher Perfektion vorgenommene Völkermord wird mit zwei einander gleichwertigen Begriffen erfaßt. Im allgemeinen spricht man von »Holocaust«, eine Ableitung vom griechischen »holokauston«, was »ganz und gar verbrannt« bedeutet. In diesem Begriff spiegelt sich die schiere Ungeheuerlichkeit, das blanke Entsetzen und grenzenlose Leiden, die ihre Ursache in der Vorsätzlichkeit der Geschehnisse haben. »Holocaust« beinhaltet aber auch die Leiden der Betroffenen und Nachgeborenen nach der Befreiung. Die zweite Bezeichnung, »Shoah«, wird hauptsächlich im jüdischen Umfeld benutzt. »Shoah« bedeutet in wörtlicher Übersetzung »völlig dem Feuer preisgegeben« und umfaßt im wesentlichen die gleichen Bedeutungsebenen wie »Holocaust«. Sie betont zudem die völlige Ausweglosigkeit der Katastrophe, die sich menschlichem Verständnis entzieht, und die daraus resultierende Verzweiflung ohne Hoffnung. Dazu kommt bei »Shoah« eine speziell jüdische Verständnisebene, die die jüdische Leidensgeschichte durch die Jahrhunderte mit einschließt.

Wer sich mit dem Völkermord beschäftigt, muß sich auf das, was geschehen ist, ehrlich einlassen. Denn nur dann werden auch die Ermordeten nicht namenlos dem Vergessen anheimgegeben: In der Erinnerung leben sie weiter.

II. Schrittweise Ausgrenzung der Juden bis 1938

Die Auslöschung großer Teile der jüdischen Bevölkerung in Deutschland und den besetzten Gebieten im Osten, in Griechenland und Frankreich ist das Ergebnis eines zunächst langsamen, dann immer schneller voranschreitenden Prozesses. Adolf Hitler spielte dabei die Rolle des, wie Raul Hilberg sich ausdrückt, »Architekten der jüdischen Katastrophe«.

1. Antisemitismus in Deutschland vor Hitlers Machtergreifung

Judenverfolgung ist kein Phänomen des 20. Jahrhunderts. Aus den vergangenen Jahrhunderten wird immer wieder von der gewaltsamen Vertreibung des Volkes Israel aus verschiedenen Gegenden Europas berichtet. Ebenso ist die Verbannung der Juden in Ghettos keine Erfindung der Nazis, sondern war auch in der Geschichte eine häufig geübte Praxis.

Dennoch hat der durch die Nationalsozialisten initiierte Mord an den Juden eine ganz andere Dimension. Nie zuvor war die Verfolgung einer Volksgruppe wissenschaftlich und rassisch begründet worden, wie es nun geschah. Juden galten nicht mehr nur als fremder und damit schwächerer Bevölkerungsanteil, an dem man soziale Spannungen ausleben konnte, sondern per definitionem als »minderwertig«: Für die Nazis verdienten sie es, »ausgemerzt« zu werden. Allein die Wortwahl vermittelt bereits diese noch nie dagewesene Form der Unmenschlichkeit und Hemmungslosigkeit.

Die Ideen des rassischen Antisemitismus wurden bereits im 19. Jahrhundert entwickelt. Aus den Evolutionstheorien von Charles Darwin entwickelte der französische Graf Joseph Arthur von Gobineau in den Jahren 1853/55 seine These von der Überlegenheit der arischen Rasse und der Bewertbarkeit von Menschen. Diese prägte die Vorstellung der gebildeten und wissenschaftlichen Kreise. Eine weitere wichtige Rolle spielte der Professor und »Historiograph des preußischen Staates« Heinrich von Treitschke, der, angeblich im Namen der gesamten geistigen Welt Deutschlands sprechend, erklärte: »Die Juden sind unser Unglück.« Diesen Satz machten die Nazis später zu einem ihrer wichtigsten Schlagworte. Bereits vor dem Ersten Weltkrieg wurde die »Deutsche Gesellschaft für Rassenhygiene« gegründet. Ein wichtiger Wegbereiter für die Ideologie der Nazis war auch das 1920 erschienene Werk »Die Freigabe der Vernichtung lebensunwerten Lebens. Ihr Maß und ihre Form«: Es schuf die ideologische und psychiatrische Begründung für die Tötung unheilbarer Patienten. Diese wurde unter Hitler auch auf unerwünschte Teile der Bevölkerung ausgeweitet.

Der rassische Antisemitismus entwickelte sich nach dem Ersten Weltkrieg in Deutschland durch seine Verbreitung und Popularisierung zu einer wirklichen Gefahr. Immer mehr Hetzkampagnen kamen auf, die in Hitlers unseliger Schrift »Mein Kampf« gipfelten: Hier verunglimpfte der Verfasser die Juden mit negativ besetzten Begriffen aus der Zoologie wie »Parasiten« und »Ungeziefer« und behauptete, die Juden verdürben »das deutsche Blut«.

In allen deutschen Regionalparlamenten stritt man bereits im letzten Drittel des 19. Jahrhunderts über die Frage, welche Stellung die Juden in dem neuen Staat einnehmen sollten. Dadurch wurde dem Assimilationsbestreben der letzteren entgegengearbeitet und man grenzte sie als Volksgruppe erneut aus. Da sich auch Juden unter den Vorkämpfern für Demokratie, freiere Wirtschaft und freieres Denken befanden, galten die neuen politischen Vorstellungen des Liberalismus und der Sozialdemokratie in konservativ gesinnten Kreisen als untrennbar mit dem Judentum verbunden. Schnell stigmatisierte man die Juden so als Gegner einer festgefügten Gesellschaft. In der gleichen Zeit entstanden die ersten politischen Parteien, die um Wählerstimmen bemüht sein mußten. Vorurteile in der Bevölkerung und Intoleranz allem gegenüber, was »fremd« und daher bedrohlich war, konnten nun gezielt zur Gewinnung einer Anhängerschaft genutzt werden. Die Juden wurden so zu den Sündenböcken für den Börsenkrach nach dem Boom der Gründerjahre und die daraus resultierende wirtschaftlich schwierige Lage. Sie galten als Inbegriff des nicht arbeitenden, sich auf Kosten der ehrlichen Bürger bereichernden Spekulanten. Gerade beim Kleinbürgertum konnten die konservativen Parteien mit dieser Karikatur jüdischen Lebens großen Zulauf erreichen. Es entstand eine sehr wirksame Propaganda gegen die »jüdisch-liberale« bzw. »jüdisch-sozialdemokratische« Presse. Da die Sozialdemokratie als eigentlich jüdisch galt, propagierte man den durchaus erfolgreichen politischen Kampf gegen die noch junge SPD als einen Feldzug gegen die Juden. Gerade die wohlhabende Schicht unter den Juden war jedoch mehrheitlich konservativ und deutsch-national eingestellt.

Zu Ende des 19. Jahrhunderts erschienen zahlreiche Veröffentlichungen zur sogenannten Judenfrage, die nun weite Aufmerksamkeit erregte. Darunter befanden sich auch einige pseudowissenschaftliche Schriften, die sich mit dem Judentum auseinandersetzen. Unterscheidungen zwischen einer »germanischen« und einer »jüdischen« Rasse machten die Runde. 1913 wurde eine »rassenbiologische Weltanschauung« veröffentlicht mit der These, daß es Führerrassen und Folgerassen gebe. Zu letzteren zählte man u. a. die Juden. Ferner wurde die Forderung laut, alle Juden, die nach der Reichsgründung ins Gebiet des Deutschen Reichs gezogen waren, sollten dieses wieder verlassen. In diesen Gedanken findet man viele spätere Gedanken der Nationalsozialisten wieder.

Nach dem Ersten Weltkrieg war die antisemitische Stimmung in der deutschen Bevölkerung besonders weit verbreitet. Die Niederlage hatte in weiten Kreisen traumatische Gefühle ausgelöst, und man suchte nach Schuldigen für die Katastrophe. Die Nachkriegsjahre brachten eine wirtschaftliche Krise nach der anderen. Da lag für viele der Gedanke nahe, die jüdischen Bankiers für Niederlage und Not verantwortlich zu machen. Die ersten Theorien von einer jüdischen Verschwörung machten die Runde. Das Weltjudentum sei angetreten, Deutschland in den Schmutz zu ziehen. Diese auf sozialem Neid basierenden Aussagen fanden hauptsächlich bei Kleinbürgern und im verarmten Mittelstand Gehör, den gesellschaftlichen Gruppen, die in dieser Zeit des Umbruchs nach einfachen Erklärungen für undurchschaubare und komplizierte Ereignisse suchten.

Die Rassenfeindschaft richtete sich vor allem gegen die aus Polen stammenden mittellosen orthodoxen Juden, die jiddisch sprachen, die traditionelle Kleidung des Schtetls trugen und in der Regel ein von Armut geprägtes Leben führten. Sie waren vor den Revolutionswirren in Rußland geflohen, die auch das Baltikum und Polen als ehemals russische Gebiete erfaßt hatten. In Deutschland und hier vor allem in Berlin suchten sie Zuflucht. Von den assimilierten Juden in Deutschland wurden sie als ebenso fremd empfunden wie von der Mehrheit der Deutschen. Der Antisemitismus durchzog in der Weimarer Republik alle Gesellschaftsschichten. Kirchen und politische Parteien, Militär und Berufsverbände, Bürokratie und Justiz waren von Judengegnern besetzt. In allen schwierigen staatlichen Situationen flammte der Antisemitismus, der sonst eher verdeckt schwelte, erneut auf. Die Juden selbst waren allerdings

Verschwörungstheorie und Weltjudentum

Bereits um die Jahrhundertwende kam das Gerücht auf, die Juden wollten ein weltweites Netzwerk flechten, um die anderen Völker zu unterdrücken. Zur Beweisführung zitierte man aus den gefälschten »Protokollen der Weisen von Zion«, in denen zu lesen sei, daß die Juden eine richtiggehende Weltherrschaft anstrebten. Um dieses Ziel zu erreichen, so unterstellte man ihnen, planten sie, die christlichen Staaten gegeneinander zum Krieg aufzuhetzen, um so ihre politischen, wirtschaftlichen und sittlichen Grundlagen zu zerstören. So hofften die Juden laut diesen Verleumdungen, diese Staaten übernehmen zu können.

In der politisch und wirtschaftlich schwierigen Zeit nach dem Ende des Ersten Weltkriegs galten Marxismus und Pazifismus, aber auch der Kapitalismus als Bewegungen, durch die das sogenannte Weltjudentum, wie es in der Wortwahl der Zeit hieß, die angeblich guten und rassisch hochwertigen Völker unterwandern und »zersetzen« wolle. Es war zum Teil von einem kosmischen Kampf der arischen Rasse mit dem Weltjudentum die Rede.

Die Nazis nahmen diese verschiedenen Gedanken auf und münzten sie gleich auf zwei ihrer Gegner um: Sie bezeichneten den internationalen Kapitalismus, den sie als quasi-jüdisch erachteten, und den marxistischen Sozialismus als zwei insgeheim verbündete Pole einer jüdischen Weltverschwörung.

keineswegs ein homogener Gesellschaftsteil. Sie unterteilten sich in Gruppen, die ihr Judentum ausschließlich religiös auffaßten, und Gruppen, die sich als eine Art nationale Einheit verstanden. Es gab orthodoxe Juden und solche, die ihr Judentum nur sehr am Rande lebten und bestenfalls die hohen Feiertage einhielten. Die meisten Juden lebten nach den Grundsätzen des »jüdischen Liberalismus«. Dieser war von außerordentlicher religiöser Toleranz geprägt, die es dem einzelnen überließ, inwieweit er seine Religion leben wollte. Ferner gab es politisch-jüdische Gruppierungen, die eine Rückkehr nach Palästina anstrebten und die Bildung eines zionistischen Staates vorbereiteten.

Der in der nationalsozialistischen Partei ausgedrückte Judenhaß ist stark von Hitlers Vorstellungen geprägt worden. Seine Weltanschauung wurde verbindliche Ideologie der Partei. Die Nazis machten die Juden für alle Heimsuchungen Deutschlands verantwortlich, angefangen bei der Niederlage im Ersten Weltkrieg bis hin zur angeblichen staatlichen Bedrohung durch die Kommunisten. Dazu gehörten nach Meinung der Nationalsozialisten außerdem die Einführung der Demokratie und die großen wirtschaftlichen Schwierigkeiten der zwanziger Jahre.

Die Nationalsozialisten machten in der Tradition des späten 19. Jahrhunderts die Existenz der Juden in Deutschland zu einer politischen »Frage«, die »gelöst« werden mußte. Sie setzten als Ziele an: die Abschaffung der (vermeintlichen) Vorrechte der Juden, ihre Vertreibung aus Deutschland sowie die Bekämpfung des »internationalen Judentums«.

Bereits kurz nach der Gründung der Partei wurde ein 25-Punkte-Programm beschlossen, das sich in vier Punkten mit der Bevölkerungsgruppe der Juden auseinandersetzt. Darin heißt es unter anderem, daß Juden keine »Volksgenossen« sein könnten, weil sie kein »deutsches Blut« hätten, und daß sie daher unter »Fremdengesetzgebung« stehen müßten. Die Nationalsozialisten stellten die Juden als eine soziologisch, kulturell, politisch und geistig geschlossene Gruppe dar, mit gleichen Überzeugungen, Verhaltensweisen und Reaktionen. Diese Ideen behielten auch während des Dritten Reichs ihre Gültigkeit.

Dazu erfanden die Nazis die Theorie von der notwendigen Schaffung von Lebensraum für die als »Arier« bezeichnete Bevölkerung. Sie propagierten, daß ein gesundes Volk ständig wachsen müsse und von daher eine Ausdehnung nach Osten, ins Baltikum und in die Ukraine, geboten sei. Diese Gebiete seien von Juden beherrscht und daher reif für den Zusammenbruch. Wie wichtig diese Idee genommen wurde, zeigt die Tatsache, daß Hitler schon drei Tage nach der Machtübernahme in einer Rede vor Generälen der Marine und des Heers die Wiedereinführung der allgemeinen Wehrpflicht unter anderem damit begründete, daß man jeden Mann zur

Zionismus

Ende des 19. Jahrhunderts entstand die zionistische Bewegung, die von den Schriften des österreichischen, jüdischen Schriftstellers und Politikers Theodor Herzl stark beeinflußt war. Das Ziel der Bewegung lautete, wie auf dem ersten zionistischen Weltkongreß in Basel 1897 festgehalten wurde, die Wiedererrichtung des jüdischen Staates in Palästina. Die Vorgehensweise war allerdings umstritten.
Es ist bemerkenswert, daß die Generation der ersten Zionisten gar nicht daran dachte, nach Palästina zu ziehen. Deutschland war für sie Heimat und Vaterland. Erst nach der Jahrhundertwende kam eine junge Generation von Zionisten auf, die angesichts des spürbaren Antisemitismus gegen die Assimilation und für die Auswanderung eintraten. Insgesamt war das Interesse deutscher Juden an einer Übersiedlung ins Land der Vorväter nur sehr gering.

Eroberung des Lebensraums im Osten und zu dessen »rücksichtsloser Germanisierung«, wie er sich ausdrückte, brauche.

2. Hitlers »Judenpolitik« bis 1935

Der Antisemitismus wurde nach Hitlers Machtergreifung am 30. Januar 1933 zur Konsolidierung der neuetablierten Herrschaft verwendet – und somit zur Staatsdoktrin. Planmäßige moralische Herabsetzung, Verleumdung und rechtliche Diskriminierung bildeten im Verlauf der ersten Jahre den Auftakt zu einer Verfolgung, die in der Geschichte beispiellos war. Schon kurz nach der Machtergreifung durch die Nazis traten die ersten Verordnungen in Kraft, die das Leben der Juden in Deutschland erschwerten. Mit dem Gesetz zur Wiederherstellung des Berufsbeamtentums vom 7. April 1933 hatte sich der Staat eine rechtliche Handhabe geschaffen, um alle politischen Gegner und alle jüdischen Beamten aus dem öffentlichen Dienst zu entfernen. Eine Sonderstellung nahmen lediglich die jüdischen Frontkämpfer des Ersten Weltkriegs ein. Das Gesetz, das als »Arierparagraph« in die Geschichte einging, ermöglichte in der Folgezeit auch anderen Berufsverbänden und Standesorganisationen, jüdische Mitglieder auszugrenzen.

Eine breite Welle von Terroraktionen begleitete den Antritt der neuen Macht im Staate. Bereits nach den letzten Reichstagswahlen vom 5. März 1933 fanden in zahlreichen Städten Übergriffe auf jüdische Personen, auf ihre Geschäfte, Büros und Wohnungen, auf Friedhöfe und Synagogen statt. Die reichsweite Boykottaktion vom 1. April 1933 stellte dabei einen Höhepunkt dar: SA-Männer postierten sich breitbeinig vor den Türen jüdischer Geschäfte und versuchten, Kunden und Klienten den Zutritt zu verwehren. Die Schaufenster wurden mit weißer Farbe und dem Wort »Jude!« verschmiert,

Schilder von Ärzten und Rechtsanwälten überklebt. Diese Demonstration von Macht und Brutalität sprach wohl vielen Leuten aus der Seele, rief aber auch Solidaritätsbekundungen in der nichtjüdischen Bevölkerung hervor. Mancherorts diente der Boykott als Vorwand, jüdische Angestellte zu entlassen, da sie angeblich zur Gefahr für das Unternehmen, in dem sie arbeiteten, geworden waren. Insgesamt scheint die Aktion keinen durchschlagenden Erfolg verzeichnet zu haben, denn die Mehrzahl der Nichtjuden blieb ihren jüdischen Kaufleuten, Ärzten oder Rechtsanwälten zunächst treu. Insgesamt mußten sich jüdische Betriebe jedoch von nun an auf ständige An- und Übergriffe von seiten der Nazis gefaßt machen.

Das ganze Jahr 1933 prägten verschiedene einschränkende Maßnahmen gegen die jüdische Bevölkerung Deutschlands. So wurde noch im April das Schlachten nach jüdischem Ritus, das Schächten, verboten, und die jüdischen Lehrer wurden aus den Lehrerverbänden ausgeschlossen; mit dem Gesetz gegen die Überfüllung der deutschen Hochschulen betrieb man eine Begrenzung der Anzahl jüdischer Studierender. Zudem schlossen die Turn- und Sportvereine ihre jüdischen Mitglieder aus. Nach und nach wurde die gesamte jüdische Intelligenz in ihrer Berufsausübung stark eingeschränkt oder sogar gänzlich daran gehindert. Daneben litt sie unter den ständigen Angriffen durch die Nazis.

Am 10. Mai 1933 fanden – organisiert von der SA – Verbrennungen der Bücher unliebsamer Autoren statt. In zahlreichen Städten wurden große Scheiterhaufen aus Büchern errichtet und im Schein von Fackeln angezündet. Dabei nannte man die Namen der verfemten Schriftsteller. Die meisten von ihnen waren Juden wie Stefan Zweig oder Joseph Roth, aber auch die Werke nichtjüdischer Autoren wie Heinrich Mann oder Kurt Tucholsky gab man den Flammen anheim. Hauptsächlich betraf die diskriminierende Maßnahme Romane, aber auch wissenschaftliche Werke, die den Machthabern in Berlin suspekt waren, wurden vernichtet. Zwei Monate später begann der Ausschluß der jüdischen Autoren aus dem Reichsverband Deutscher Schriftsteller. Im September 1933 wurde auch anderen jüdischen Künstlern durch die Einrichtung der Reichskulturkammer ihre Tätigkeit erschwert bis unmöglich gemacht. Um als Maler oder Schriftsteller, Musiker oder Schauspieler arbeiten zu können, brauchte man die Mitgliedschaft in einer ihrer Kammern, die Juden verwehrt war. So blieb ihnen nur noch der Jüdische Kulturbund, der, Mitte Juni 1933 gegründet, versuchte, arbeitslos gewordenen Künstlern eine neue Existenz zu schaffen. Nur Juden durften Mitglieder des Verbandes sein und dessen Veranstaltungen besuchen.

Im gleichen Jahr 1933, eine Woche nach Inkrafttreten des »Arierparagraphen«, wurde als ein weiterer Versuch jüdischer Selbsthilfe der »Zentralausschuß für Hilfe und Aufbau« gegründet, der sich auf wirtschaftlichem und sozialem Gebiet für die folgenden Ziele einsetzte: Repräsentation aller jüdischen Organisationen, von den Landesverbänden der jüdischen Gemeinden über die Vereinigungen der Rabbiner bis hin zu den zionistischen und deutsch-patriotischen Gruppierungen; Aufbau und Erhalt jüdischen Selbstbewußtseins auf kulturellem Gebiet; Hilfeleistung für alle diejenigen, die aufgrund der politischen Verhältnisse wirtschaftlich in Not geraten waren.

Je deutlicher die Juden im NS-Staat aus der öffentlichen Wohlfahrt ausgegrenzt wurden, um so mehr Aufgaben mußte der Zentralausschuß zur sozialen Sicherung der ansteigenden Zahl von verarmten Juden übernehmen. Dazu wurden Darlehenskassen eingerichtet sowie eine Arbeitsvermittlung, aber auch die Gesundheitsfürsorge und die Versorgung der Alten fielen in den Aufga-

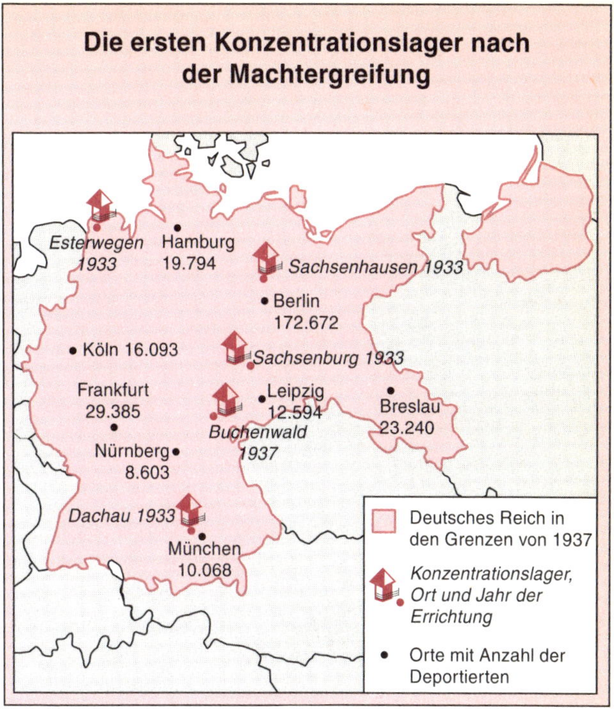

benbereich des Zentralausschusses, der in den immer bedrückender und bedrohlicher werdenden staatlichen Verhältnissen im Dritten Reich beachtliche Leistungen für die Juden vollbrachte.

Die durch die Ausgrenzung der Juden freigewordenen Stellen wurden schnell von Nichtjuden übernommen. Vor allem in den Berufsverbänden von Rechtsanwälten und Ärzten nutzten ehrgeizige Standespolitiker die Chance, nun an die Stelle jüdischer Kollegen zu treten. Damit trugen sie entscheidend zum Erfolg der Ausgrenzungspolitik bei.

Das Jahr 1934 kann rückblickend als eine Art »Ruhe vor dem Sturm« betrachtet werden. Die nationalsozialistische Regierung war mit der Konsolidierung ihrer Macht beschäftigt und führte zumindest keine zusätzlichen Sanktionen gegen die jüdische Bevölkerung ein.

3. Die Nürnberger Gesetze von 1935

Der Nürnberger Parteitag des Jahres 1935 jedoch verschärfte die Lage für die Juden in Deutschland erneut. Am 15. September erlangten die Nürnberger Gesetze Rechtskraft, ein Gesetzeswerk, das auf Geheiß Hitlers während des Reichsparteitags der NSDAP in zwei Tagen buchstäblich aus dem Boden gestampft worden war. Es bot die Handhabe zu weitreichender Diskriminierung der Juden und stufte sie zu Bürgern zweiter Klasse herab. Seine unpräzise Sprache erlaubte zudem recht freizügige Auslegungen.

Die Nürnberger Gesetze bestanden aus zwei Teilen: Im »Reichsbürgergesetz« wurde die in der Parteisatzung bereits formulierte Idee, daß ein Jude kein Reichsbürger sein könne, in ein staatliches Gesetz gewandelt. Nur wer »deutsches« oder »artverwandtes« Blut habe, könne Reichsbürger sein. Juden und andere nicht-arische Rassen (hier wird auf Sinti und Roma angespielt) seien von diesem Status ausgeschlossen. Die deutsche Staatsangehörigkeit behielten sie jedoch. Damit degradierte man sie rechtlich auf den Status als Bürger zweiter Klasse.

Der zweite Teil umfaßte das »Gesetz zum Schutze des deutschen Bluts und der deutschen Ehre«. Es verbot Eheschließungen zwischen Juden und Nichtjuden und erklärte bereits geschlossene Ehen für nichtig. Außerehelichen Verkehr von Juden und Nichtjuden belegte man mit dem Schimpfwort »Rassenschande«. Personen, die dabei »ertappt« wurden, mußten damit rechnen, mit einem sie verhöhnenden Plakat um den Hals durch die Straßen der Stadt getrieben zu werden. Juden durften keine nichtjüdischen Hausangestellten unter 45 Jahren mehr beschäftigen. Zudem galt das Hissen der Staatsflagge (nunmehr: Hakenkreuzfahne) für sie fortan als strafbar. An die Gesetze schlossen sich 13 Ergänzungsverordnungen an, die vom Entzug des Wahlrechts bis zum Ausschluß aus öffentlichen Ämtern und dem Staatsdienst reichten. Zudem zogen die Artikel umfangreiche Definitionen nach sich, wer als »Voll-«, »Halb-« oder »Viertel«-Jude anzusehen sei und wie man mit diesen Gruppen verfahren solle. Diejenigen, die nicht als »Arier« galten, wurden unterteilt in »Juden« und »Mischlinge«. Auch dieser Begriff, den man normalerweise auf Tiere anwendet, zeigt wieder die Menschenverachtung der Nazi-Ideologie. Die sogenannten Nichtarier wurden nun in folgende Kategorien eingeteilt:

- in Volljuden, die mindestens zwei jüdische Großeltern hatten und am 15. September 1935 der jüdischen Religion angehörten oder mit einem Juden verheiratet waren
- in »Mischlinge 1. Grades«, die zwei jüdische Großeltern hatten, aber am 15. September 1935 nicht mehr der jüdischen Religion angehörten und auch nicht mit einem Juden verheiratet waren
- in »Mischlinge 2. Grades«, die nur einen jüdischen Großelternteil hatten.

Um nicht von den Nürnberger Gesetzen betroffen zu werden, war es erforderlich, seine Abstammung nachzuweisen. Dies geschah mittels *Ariernachweis.*

Während der Jahre 1936 und 1937 wurde der Lebensraum der jüdischen Bevölkerung noch weiter eingeengt. So fielen kinderreiche jüdische Familien ab März 1936 aus der staatlichen Wohlfahrt. Ebenso traten weitere Berufsverbote in Kraft. Juden bekamen nun keine Konzession mehr zur Führung einer Apotheke, und ab Oktober desselben Jahres durften jüdische Lehrer auch privat nicht mehr unterrichten. Von Dezember 1936 an mußten

Ariernachweis

Jeder, der einen Posten in Verwaltung oder NSDAP anstrebte, mußte seine nichtjüdische Abstammung nachweisen. Dafür hatte man ab Frühjahr 1936 eine Ahnentafel vorzulegen, die folgende Dokumente umfaßte: die eigene Geburts- und Taufurkunde sowie die der Eltern und Großeltern. Die Dokumente für die Großeltern konnte man bis zum Jahr 1871 (Einführung der Standesämter) nur über Kirchenbucheinträge erhalten. Die Kirchen gaben bereitwillig Auskunft, beteiligten sich also an dieser Selektion.
Wollte man eine bestimmte Parteiposition erlangen, etwa bei der SS, so mußte man die »Große Ahnentafel« vorlegen, die bis 1750 zurückreichte. Schnell zogen auch die Berufsverbände nach. So bestand beispielsweise der Bund Reichsdeutscher Buchhändler ab 31. März 1936 für seine Mitglieder auf den Nachweis der nichtjüdischen Abstammung.
Um bei der Auffindung der verlangten Dokumente behilflich zu sein, formierte sich ein neuer Berufsstand, die »Sippen-« oder »Familienforscher«. Auch wurde ein Reichssippenamt eingerichtet, das die Durchführung der Rassentheorie der Nazis überwachte.

jüdische Veranstaltungen und Versammlungen genehmigt werden. Im April 1937 schließlich wurden jüdische Organisationen wie die Loge B'nai B'rith aufgelöst und ihr Vermögen beschlagnahmt. Im gleichen Monat trat die Bestimmung in Kraft, die Juden von der Doktorpüfung ausschloß, und ab September verloren jüdische Ärzte ihre Krankenkassenzulassung. Ab Juli 1938 wurde ihnen die Approbation völlig entzogen, ein Schicksal, das bald auch die Rechtsanwälte und andere Berufsgruppen aus dem bürgerlichen Spektrum traf. Die Berufsverbote wurden in Rechtsverordnungen festgelegt, um ihnen den Anschein von Legalität zu verleihen. Hier zeigt sich die Pervertierung des Rechtsstaates durch das sogenannte Führerprinzip: Hitler fungierte als Rechtsquelle – seine Ideen wurden zu Gesetzen und Rechtsverordnungen. In dieser Zeit erging zudem der Geheimerlaß, sogenannte Rassenschänder nach Abbüßung ihrer Gefängnisstrafe in ein Konzentrationslager zu überstellen.

1936 versuchte sich das Hitler-Regime mit den Olympischen Spielen in Berlin vor den Augen der Welt als ehrbar und integer darzustellen. Vorübergehend wurden die demütigenden Bestimmungen für die Juden großzügig gehandhabt und Schilder mit der Aufschrift »Juden unerwünscht« an Ortseingängen entfernt ebenso wie andere sichtbare Hinweise auf die antisemitische Grundhaltung der Regierung.

4. Schwierigkeiten der Emigration

Angesichts der massiven Politik der Demütigung und Drangsalierung der Juden in Deutschland stellt sich die Frage, warum keine breite Auswanderungswelle einsetzte. Zwei Gründe sind wohl primär ausschlaggebend dafür: Zum einen fühlten sich die Juden der deutschen Kultur und Heimat nicht weniger verbunden als jeder andere Bürger des Deutschen Reichs auch. Man ging nicht einfach fort aus den gewohnten Lebensumständen, man war eingerichtet und etabliert. Auch hatte nicht jede Familie Bekannte oder Verwandte im Ausland. Die meisten hofften darauf, daß alles nicht noch schlimmer kommen würde und das Leben eben mit gewissen Einschränkungen weiterginge, solange man sich nur recht still und angepaßt verhielt. Zum anderen erschwerte die unberechenbare Emigrationspolitik sowohl der Reichsregierung wie auch der Emigrationsländer die Entscheidung. Durch die Verdrängungsmaßnahmen in der Wirtschaft – erste Zwangsverkäufe jüdischer Betriebe fanden 1937 statt – erwogen zwar viele die Auswanderung, entschieden sich aber dagegen. Die den Emigrierenden abverlangte *Reichsfluchtsteuer* hätte sie nämlich gemeinsam mit den späteren Konfiskationen jüdischer Vermögen sowie den restriktiven Devisenbestimmungen finanziell ruiniert. Und kein Emigrationsland nimmt gern Flüchtlinge auf, die dem Staat zur Last fallen könnten. Allerdings unterbanden sämtliche Staaten aber auch, daß die Juden ihren Lebensunterhalt selbst bestreiten konnten, indem sie nur für wenige eine Arbeitserlaubnis ausgaben.

Die Auswanderung der Juden war bis 1939/40 durchaus erwünscht, wurde aber trotzdem durch zahlreiche Einschränkungen erschwert. So findet sich bereits im Juli 1933 ein Runderlaß des Reichsfinanzministeriums, der erklärt, daß die Auswanderung von Juden erwünscht sei und nicht unterbunden werden dürfe. Im Jahr darauf beschränkte man die Emigration jedoch dadurch, daß Auswanderer nur noch 2.000 Reichsmark (RM) in Devisen erhielten, statt wie bisher 10.000 RM. 1935 wurden zwar jüdische Veranstaltungen verboten, die für einen Verbleib in Deutschland warben, gleichzeitig stellte man Juden aber nur noch inlandsgültige Pässe aus. Pässe für das Ausland mußten gesondert beantragt werden, was sich ausgesprochen mühsam gestaltete. Ab 1937 existierte eine Zeitlang die Regelung, daß eine Entlassung aus der zynisch »Schutzhaft« genannten willkürlichen Einsperrung in Gefängnisse und Konzentrationslager möglich sei, wenn die betreffende Person zuverlässig nach Palästina oder nach Übersee auswandere. Zurückkehrende Emigranten kamen in Haft.

Am 5. Oktober 1938 wurden die Pässe der Juden eingezogen und nur bei triftigen Gründen wieder ausge-

Reichsfluchtsteuer

Bereits am 8. Dezember 1931 wurde erstmals die Reichsfluchtsteuer erhoben, mehr als ein Jahr vor Hitlers Amtsantritt. Diese Steuer galt für alle emigrationswilligen Deutschen, die am 1. Januar 1931 ein Einkommen von mehr als 20.000 Reichsmark (RM) oder ein Vermögen von mehr als 200.000 RM besaßen. Damit sollte die Auswanderung vermögender Bürger verhindert werden. Die Nationalsozialisten zielten darauf ab, sich die Emigration finanziell zunutze zu machen. Daher senkten sie die Vermögens-Freigrenze auf 50.000 RM (18. Mai 1934). Die Steuer betrug ausnahmslos ein Viertel des gesamten steuerpflichtigen Vermögens.

stellt, allerdings mit dem Stempel »J« versehen. Zu Beginn des Jahres 1939 befahl Generalfeldmarschall Hermann Göring die Einrichtung einer Reichszentrale für jüdische Auswanderung, die die bürokratische Abwicklung der Emigration zunächst erleichtern sollte, da zu dieser Zeit die Vertreibung der Juden aus dem Reichsgebiet noch als oberste Priorität galt. Die Reichszentrale gewann schnell die Kontrolle über die jüdische Gemeindeorganisation im Reichsgebiet und im Protektorat Böhmen und Mähren. Diese Kontrolle erwies sich für die Juden bald als fatal. Denn ohne ihren Namen zu ändern, fungierte die Reichszentrale später als Schaltstelle für die Deportationen. Ab 20. Mai 1941 schließlich wurde die Auswanderung der Juden ganz unterbunden, denn die Regierung hatte beschlossen, die Judenheit insgesamt zu vernichten.

Davor hatte Palästina das Auswanderungsziel Nummer eins dargestellt. Es gab komplizierte Vertragswerke mit dem damaligen englischen Mandatsgebiet über den

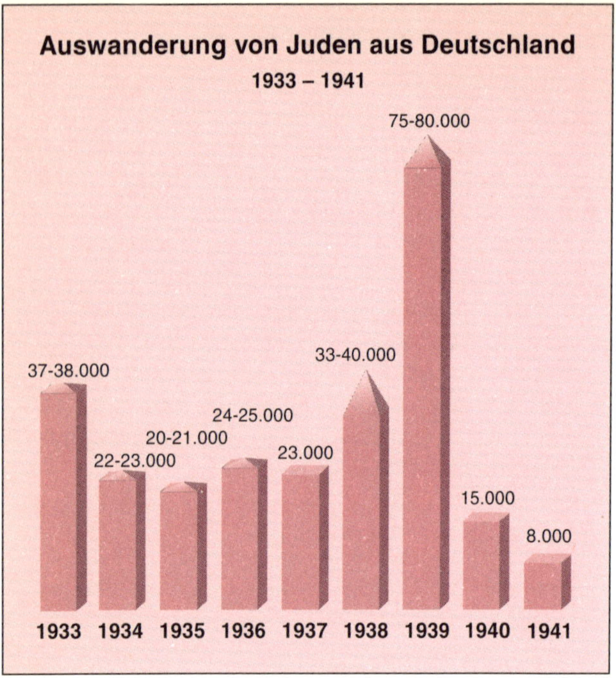

Transfer von Kapital und Vermögenswerten. Aufgrund der Betreuung durch die Jewish Agency konnten 1933 bis 1936 rund 29.000 Personen legal nach Palästina auswandern, von 1937 bis 1941 immerhin noch 18.000. Die Vergabe von Einwanderungserlaubnissen geschah allerdings nach einem komplizierten und beschränkenden Quotensystem. Etwa 220.000 Juden wanderten bis 1938 aus Deutschland aus – die meisten davon nach Frankreich, in die Tschechoslowakei und die Schweiz, also in die angrenzenden Länder. Einige der Emigrationsländer gerieten im Laufe des Kriegs unter deutsche Herrschaft, so daß sich die Emigranten immer wieder auf die Flucht begeben mußten. Bis 1940 boten die Niederlande für viele Auswanderer eine sichere Bleibe. Großbritannien

Aufnahmeländer für jüdische Flüchtlinge
1933 – 1938

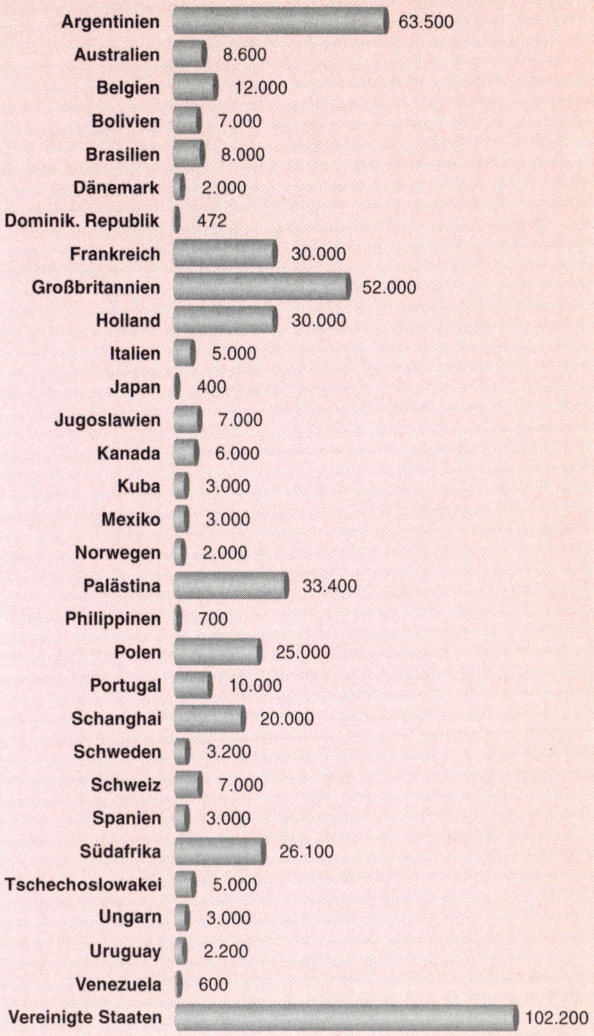

war durch seine Lage ebenfalls sehr attraktiv. Das begehrteste Auswanderungsland neben Palästina waren jedoch die USA. Strenge Einwanderungsbeschränkungen machten diesen Zufluchtsort für viele jedoch unerreichbar. Die Einwanderungsbehörden handhabten die Beschränkungsbestimmungen sehr streng, da große Furcht vor Nazi-Spionen herrschte. Nach dem Novemberpogrom von 1938 zeigten sie sich – allerdings nur vorübergehend – etwas kulanter. 1939 gelang noch ungefähr 75.000 bis 80.000 Juden die Flucht aus dem Terror-Regime. Bereits im Folgejahr gingen die Zahlen stark zurück, und am 20. Mai 1941 wurde die Emigration – wie oben bereits erwähnt – ganz unterbunden.

5. Verdrängung der Juden aus den Wirtschaftsleben

1938 trat in verschiedener Hinsicht eine Wende in der Politik und damit eine weitere Verschärfung der Lage für die jüdische Bevölkerung ein. Zu Beginn des Jahres mußten alle jüdischen Besitzwerte von 5.000 Reichsmark aufwärts bei den Finanzämtern angemeldet werden. Dies diente der genauen Abschätzung, über welche Ressourcen man staatlicherseits bei Konfiskationen verfügen konnte. Ferner wurde bestimmt, daß diejenigen Betriebe als jüdisch zu gelten hatten, deren Inhaber oder gesetzlicher Vertreter jüdischen Glaubens war oder, bei größeren Betrieben, wenn ein Jude im Vorstand oder im Aufsichtsrat saß. Unternehmen, deren Kapital zu einem Viertel von Juden gehalten wurde oder bei denen man einen »beherrschenden jüdischen Einfluß« feststellte, galten ebenfalls als jüdisch. Mit diesen Bestimmungen legten die Nazis die Grundlage für die sogenannte Arisierung: die zwangsweisen Verkäufe und Enteignungen von jüdischen Unternehmen zugunsten nichtjüdischer Interessenten.

Viele Juden waren als Selbständige registriert, wobei sie vor allem in den Bereichen Einzel- und Großhandel, Bankgewerbe und Immobilien sowie als Rechtsanwälte und Ärzte tätig waren. Eine statistische Erhebung vor 1933 geht von 46 Prozent Selbständigen unter allen Juden in Deutschland aus, das wären etwa 100.000 jüdische Wirtschaftsbetriebe. Allerdings enthält diese Zahl Einmannbetriebe ebenso wie Großunternehmen.

Bei den Arisierungen vor 1938 versuchte man die Firmeninhaber durch äußeren Druck zur freiwilligen Aufgabe zu bewegen: Man schüchterte sie durch Drohungen oder Boykottmaßnahmen wie dem Abschneiden der Zulieferung für verarbeitende Betriebe ein und warb Käufer ab. Nach dem Novemberpogrom von 1938 wechselte die Taktik: Nun zwang man die jüdischen Firmen und Gewerbebetriebe aufgrund der staatlichen Verordnung vom Dezember 1938, ihr Eigentum zu veräußern.

Die gleiche Verordnung erlaubte auch die Auslöschung der jüdischen Firmennamen – eine Maßnahme, die im März 1941 rechtlich verbindlich wurde. Viele Nichtjuden hatten die Traditionsnamen ihrer jüdischen Vorgänger beibehalten, da diese für Qualität standen, und folgten diesem Befehl entsprechend unwillig.

Nichtjüdische Firmen durchsuchten die deutsche Betriebslandschaft nach geeigneten jüdischen Betrieben. Es entstand eine regelrechte Beutejagd, an der neben den Käufern auch die Banken als Makler stark profitierten. Zwischen Juli und Dezember 1938 wurden den restlichen noch verbliebenen Strukturen jüdischer Geschäftstätigkeit ein vollständiges Ende gesetzt. Industriebetriebe, Grundbesitz und landwirtschaftliche Güter wurden in treuhänderische Verwaltung gegeben. Betriebe aus als »überfüllt« geltenden Branchen mußten ohne Entschädigung für den jüdischen Vorbesitzer aufgelöst werden. Als Einsetzung eines Treuhänders bezeichnete man die förmliche Enteignung des jüdischen Besitzers.

III. Von der Pogromnacht bis zum Beginn des planmäßigen Völkermordes

Nach über fünf Jahren Nazi-Diktatur konnte man sich in jüdischen Kreisen kaum vorstellen, daß noch eine weitere Verschlechterung der Lage möglich sei. Um so entsetzlicher zeigte der »spontane Ausbruch des Volkszorns« am 9. November 1938, wie es in der Propaganda hieß, zu welcher blinden Brutalität die Machthaber fähig waren.

1. Ursachen, Verlauf und Folgen der Reichspogromnacht 1938

In der Reichspogromnacht, vom Regime verniedlichend »Reichskristallnacht« genannt, wurden im gesamten Deutschen Reich Juden mißhandelt und gedemütigt, ihre Geschäfte geplündert und ihre Synagogen angezündet. Die Ereignisse nahmen in Polen ihren Anfang. Nachdem im März 1938 Österreich an Deutschland angegliedert worden war, hatte die polnische Regierung verfügt, daß die Pässe der im Ausland lebenden Polen nur noch bedingte Gültigkeit hätten. Damit wollte sie die mehr als 20.000 polnischen Juden, die seit langem in Österreich lebten, daran hindern, aus Angst vor den Nazis wieder nach Polen zurückzukehren. Nach dem Münchner Abkommen galt, daß nur noch die Pässe zur Einreise nach Polen gültig sein sollten, die einen speziellen Prüfvermerk des Konsulats erhalten hatten. Am 30. Oktober sollten alle Juden staatenlos werden, die keinen Prüfvermerk hatten. Damit wäre aber eine Abschiebung seitens der deutschen Behörden nicht mehr möglich gewesen. Die Verhandlungen zwischen Deutschland und Polen über dieses Thema schlugen fehl. Nun übergab die deutsche Regierung die Angelegenheit der Gestapo.

Ab 26. Oktober sollten alle polnischen Juden im Reich und in Österreich innerhalb der verbliebenen Frist abgeschoben werden. In einer Nacht-und-Nebel-Aktion wurden rund 17.000 Menschen mit aller Brutalität über die polnische Grenze getrieben. Da Polen jedoch daraufhin die Grenzen schloß, irrten die für die herbstliche Witterung oft nur unzureichend Ausgerüsteten im Niemandsland zwischen Polen und Deutschland umher.

Auch die Familie Grünspan (Grynszpan) aus Hannover befand sich unter den Abgeschobenen. Ein Sohn der Familie, Herschel, hielt sich illegal in Paris auf, wo er durch eine Postkarte seiner Schwester von den Ereignissen erfuhr. Er besorgte sich daraufhin eine Waffe, ging in die deutsche Botschaft und feuerte fünf Schüsse auf den Legationssekretär Ernst vom Rath.

Das Attentat war den Nazis hochwillkommen, denn sie konnten es in einer beispiellosen Kampagne zum Anschlag des »Weltjudentums« auf das Deutsche Reich hochstilisieren. Eine politische Kehrtwendung fand statt: Die Nazis legten nun keinerlei Wert mehr auf den Anschein rechtsstaatlichen Verhaltens, sondern steuerten auf einem bedingungslosen Kurs der physischen Gewalt und Verfolgung. In der täglichen Pressekonferenz des Reichsministeriums für Volksaufklärung und Propaganda wurde genau festgelegt, wie das Thema in den Leitartikeln und Kommentaren zu behandeln sei und welche Personen direkten Angriffen ausgesetzt wurden, um die größtmögliche Wirkung zu erzielen. Dies führte in einigen Orten bereits am 7. und 8. November zu ersten Ausschreitungen gegen Juden.

Alljährlich am 9. November fand in München das Treffen hochrangiger Parteichargen, der sogenannten Alten Kämpfer statt, die mit einem Kameradschaftsabend des Hitlerputsches von 1923 gedachten. Bei diesem Treffen gab Joseph Goebbels 1938 mit einer flammenden antisemitischen Rede den Startschuß für den

Pogrom – ohne jedoch einen direkten Befehl zu Aktionen auszusprechen. Dies entsprang ebenso taktischer Berechnung wie die Tatsache, daß Hitler die Veranstaltung noch vor der Rede verließ und somit offiziell von nichts wußte. Als Staatsoberhaupt mußte er sich den Rückzug offenhalten. Über Gaupropagandaämter, Kreis- und Ortsgruppenleitungen wurde jedoch der Befehl zum sofortigen Handeln gegeben. SA-Kommandos, oft ortsfremd, tauchten in den Städten auf und zündeten unter Mithilfe oder zumindest mit Billigung der Bürgermeister, die meist selbst Parteigenossen waren, die Synagogen an. Jüdische Geschäfte und Privatwohnungen wurden verwüstet, die Menschen offen gedemütigt und mißhandelt und rund 30.000 Männer in die Konzentrationslager Dachau, Buchenwald und Sachsenhausen eingeliefert. Viele von ihnen kamen nicht mehr frei. Der Aufenthalt im KZ, auch wenn er nur begrenzt war, bedeutete für die Opfer die Zerstörung ihrer bisherigen physischen und psychischen Existenz, ihrer Lebensform und ihres Selbstbewußtseins. Nach Beendigung des Pogroms starteten die Nazis eine neuerliche Pressekampagne, in der sie die Legende von der spontan sich entladenden Volksseele verbreiteten, an die außer glühenden Nazi-Anhängern kaum jemand glauben mochte.

Zwei Tage nach den Zerstörungen, am 12. November, wurde bei einem Treffen der Parteigrößen im Luftfahrtministerium, das Hermann Göring unterstand, die materielle Bilanz der Ereignisse gezogen. Göring hielt Goebbels die weitreichenden wirtschaftlichen Schäden der Zerstörung vor. Die Enteignung der Juden war bereits beschlossene Sache, doch hatte man sich noch nicht darüber einigen können, ob der Staat oder die Partei die Vermögenswerte einstreichen sollten. Göring als Befürworter staatlichen Gewinns behielt die Oberhand. Man einigte sich nun darauf, daß die Juden selbst für die immensen Schäden aufkommen sollten, die durch die

Verwüstungen entstanden waren. So beschlagnahmte man von staatlicher Seite zum einen die Versicherungssummen der Geschädigten und verordnete zum anderen, daß alle Juden eine Buße, die sogenannte Sühneleistung in Höhe von einer Milliarde RM, zu erbringen hätten. Diese Sondersteuer betraf alle Juden mit deutscher Staatsangehörigkeit und lag bei 20 Prozent des angemeldeten Vermögens. Sie mußte in vier Raten bezahlt werden. Auch ausreisewillige Juden mußten dieser zynischen Ausplünderung zustimmen. Die Sühneleistung zielte vor allem darauf ab, des jüdischen Barvermögens habhaft zu werden. Da 1938 die Mobilmachung bereits begonnen hatte und Kapitalknappheit herrschte, verschwand das jüdische Geld sofort in den Kanälen der Rüstungsindustrie.

Unmittelbar nach dem Pogrom begann die vollständige Entrechtung der Juden in Deutschland. Sie sollten nun zur Gänze aus der deutschen Wirtschaft verdrängt werden. Mit der zwangsweisen Veräußerung der Wirtschaftsbetriebe ging eine Enteignung der jüdischen Immobilienbesitzer einher. Ab 28. November 1938 wurden die Immobilien staatlich erfaßt und mit Lage und Wert in Tabellen aufgelistet. Im Frühjahr 1939 zwangen die Nazis die Hausherren, ihr Eigentum binnen einer gesetzten Frist zum Verkauf anzubieten und die Transaktion in Kürze zu Ende zu bringen. Bei Weigerung wurde Strafe angedroht.

Gleichzeitig strichen die Nazis die jüdischen Ansprüche auf Renten, Pensionen und Versicherungsbeiträge. Das Finanzamt setzte einen »Freibetrag« fest, den Juden von ihren Konten abheben durften. Verkaufserlöse aus dem ohnehin schon unter Wert abgegebenen Besitz wurden gesperrt. Dies führte zu einer weitreichenden Verarmung jüdischer Familien, die zusätzliche Tributzahlungen wie die Sühneleistung und Konfiskationen noch verschärften. Viele konnten ihren Zahlungsver-

Die Reichspogromnacht vom 9. November 1938

Zerstörung der Synagogen im Reich und in den angegliederten Gebieten

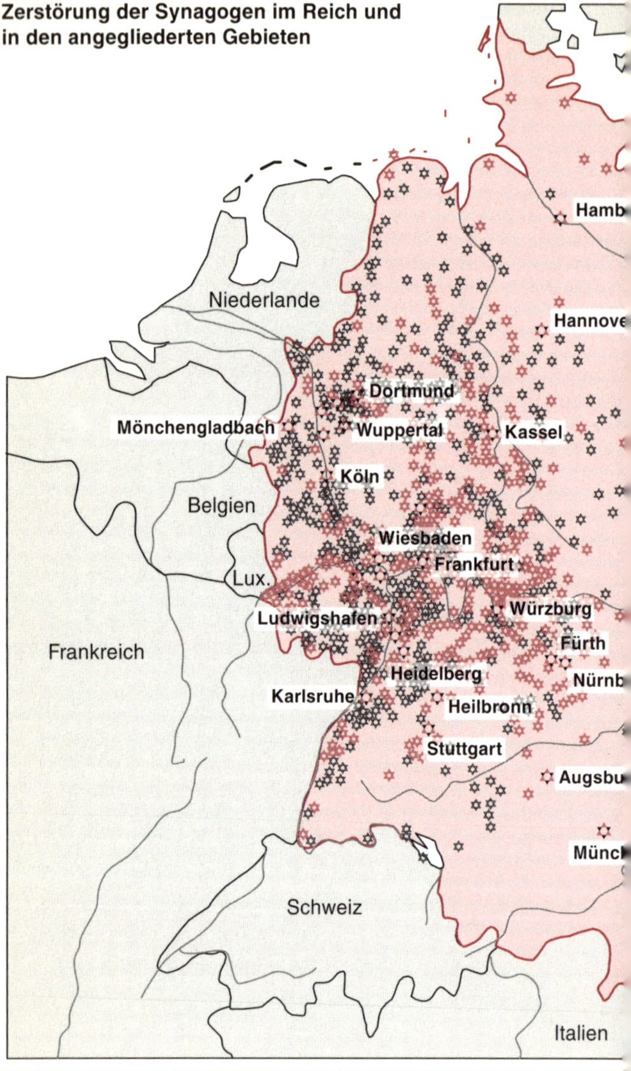

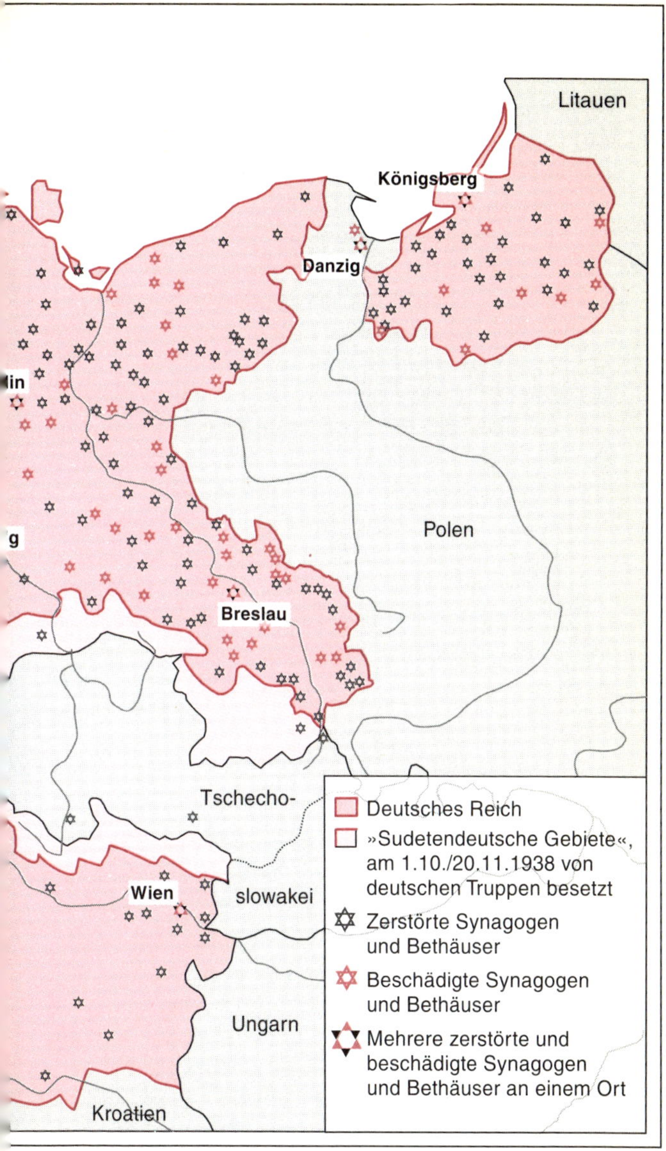
Litauen
Königsberg
Danzig
Polen
Breslau
Tschecho-
slowakei
Wien
Ungarn
Kroatien
Deutsches Reich
»Sudetendeutsche Gebiete«, am 1.10./20.11.1938 von deutschen Truppen besetzt
Zerstörte Synagogen und Bethäuser
Beschädigte Synagogen und Bethäuser
Mehrere zerstörte und beschädigte Synagogen und Bethäuser an einem Ort

pflichtungen kaum mehr nachkommen. Gingen die Beträge nicht rechtzeitig ein, wurden die Sperrkonten konfisziert oder bereits als Pfand genommene Kunstgegenstände versteigert. Dieser Kunstraub bereicherte auch die Museen und Archive.

Im Jahr 1939 gingen die Juden sämtlicher materieller Werte verlustig, die sie noch besaßen. Im Januar mußten sie alle Schmuckgegenstände bis auf die Eheringe abgeben, dazu gehörte auch silbernes Besteck oder teures Porzellan. Der Reichswirtschaftsminister kündigte an, zu einem späteren Zeitpunkt über die eventuelle Entschädigung entscheiden zu wollen.

Das jüdische Leben war fast völlig zum Erliegen gekommen. Ein ganzes Netz staatlicher Stellen und großer Wirtschaftsbetriebe hatte darauf hingearbeitet, die Juden zu diskriminieren, zu enteignen, aus der Gesellschaft und einem menschenwürdigen Leben überhaupt auszustoßen. Alle jüdischen Vertretungen und Vereine wurden aufgelöst, die »Reichsvereinigung der Juden in Deutschland« kam unter Gestapo-Kontrolle als Zwangsverband aller, die nicht zu den »Ariern« zählten.

2. Einrichtung der Ghettos und erste Deportationen

Im April 1939 wurden erste Maßnahmen zur Ghettoisierung der Juden getroffen. Per Gesetz begannen die Vorbereitungen für die zwangsweise Zusammenlegung der jüdischen Familien in sogenannte Judenhäuser. Mehrere Familien wurden in der Regel in einer Wohnung zusammengepfercht. Dazu kamen zahlreiche Schikanen, wie das Verbot, neben einem Nichtjuden auf einer Parkbank oder in öffentlichen Verkehrsmitteln zu sitzen oder die Badestrände zu benutzen. Jüdische Kinder schloß man aus den staatlichen Schulen aus. Darüber hinaus wurden die jüdische Rede-, Meinungs- und Versammlungsfreiheit beschränkt, Führerscheine und Zulassungspapiere eingezogen.

Bereits im Januar 1939 hatte Hitler angekündigt, daß die Juden vernichtet werden sollten, falls es dem »internationalen Finanzjudentum« gelänge, einen weiteren Weltkrieg anzuzetteln. Mit Kriegsbeginn galt für die Juden eine Ausgangssperre – im Sommer ab neun, im Winter ab acht Uhr abends. Rundfunk (ab 20. September 1939) und Telefon (ab 19. Juli 1940) verbot man ihnen, da sie als »Feinde des Reichs« galten. Die nationalsozialistischen Machthaber konnten die Juden so von jeglicher Information und Kommunikation ausschließen. Ihr Lebensbereich war auch dadurch drastisch eingeengt, daß ihnen spezielle Geschäfte und stark beschränkte Einkaufszeiten zugewiesen wurden. Ferner zog man die Juden zur Zwangsarbeit im Straßenbau und bei Kraftwerksbauarbeiten heran – auch große Firmen wie Siemens beschäftigten Juden als Zwangsarbeiter unter schlimmen Bedingungen. Für sie galt keinerlei Arbeitsschutz, ihre Löhne waren minimal und wurden hoch besteuert. Selbst jüdische Schwerbeschädigte und Jugendliche mußten jede harte Arbeit ausführen.

In diese ersten Kriegsmonate fielen die Vorbereitungen für die Deportationen und im weiteren Sinn auch für die spätere Massenvernichtung. Am 21. September 1939, Polen war überfallen und etliche Gebiete dem Deutschen Reich angegliedert, andere als »Generalgouvernement« ausgewiesen worden, erteilte *Reinhard Heydrich*, Chef der Gestapo und Sicherheitspolizei, Befehle, wie man im besetzten Polen mit den Juden verfahren solle. Er ordnete ihre Umsiedlung in größere Städte an, die an Eisenbahnstrecken lagen.

Kurz nach Beginn des Kriegs begannen die ersten Deportationen von Juden aus Österreich und Mähren nach Polen. Bald darauf zwang man die Juden aus Stettin, ins Generalgouvernement umzusiedeln. Dieser

Transport wurde mit solcher Brutalität durchgeführt, daß sogar die ausländische Presse darüber berichtete. Nach Heydrichs Plan sollten so zunächst alle Juden in Ghettos konzentriert werden, um sie dann massenhaft auszusiedeln. In den eingegliederten Gebieten wie Österreich, Mähren oder dem Sudetenland warteten die jeweiligen Gouverneure nur darauf, endlich grünes Licht für die Abschiebung nach Polen zu erhalten. Seit dem Frühjahr 1940 war daneben der Plan in Umlauf, die Juden auf die afrikanische Insel Madagaskar umzusiedeln.

In den eingegliederten Gebieten Polens errichtete man im Winter 1939/40 in verschiedenen Städten die ersten Ghettos. Ihr Zweck bestand zunächst nur in der Zusammenlegung der jüdischen Menschen, um sie später desto leichter deportieren und ermorden zu können.

Als Ghettos wurden abgeriegelte Bezirke in möglichst elender Lage eingerichtet. Das Vorgehen dabei unterstand keinem zentralen Befehl, zeigt jedoch in allen Städten eine auffällige Übereinstimmung. Jedes Ghetto war auf sich gestellt und mußte mit einer Vielzahl innerer Probleme und einer bedingungslosen Abhängigkeit von der Außenwelt in der fundamentalsten Versorgung fertig werden. Hunger, Enge und mangelnde sanitäre

Reinhard Heydrich (1904 bis 1942)

Reinhard Heydrich wird als der Techniker der Macht beschrieben, kühl, emotionslos und voller Geringschätzung für die Menschen, die er nur als Instrumente sah. Am 7. März 1904 als Sohn eines Musikers geboren, schlug er die Militärlaufbahn ein und diente als Marineoffizier. 1930 wurde er wegen einer Mädchenaffäre entlassen und schloß sich daraufhin der SS an. Hier entwickelte er den Plan, wie man aus der SS die Polizeimacht des NS-Staates formen könnte. 1934 wurde er zum Leiter des Geheimen Staatspolizeiamtes (Gestapo) ernannt, einer von ihm gegründeten Behörde, und 1936, mit 32 Jahren, kontrollierte er die Sicherheitspolizei, die aus Gestapo und Kriminalpolizei bestand. Heydrich arbeitete eng mit dem Reichsführer SS Heinrich Himmler zusammen.

1939 organisierte er das Reichssicherheitshauptamt (RSHA), ein Labyrinth von Referaten, die ein perfektes Überwachungssystem formten. Als Leiter des RSHA war Heydrich nur an Weisungen Görings, Himmlers und Hitlers gebunden. Die gesamte Bevölkerung wurde quasi zu Hilfspolizisten ernannt, jeder überwachte jeden.

Heydrich bereitete den Anschluß Österreichs und die Besetzung der Tschechoslowakei vor und war einer der Drahtzieher in der Pogromnacht. Am 24. Januar 1939 erhielt er von Göring den Auftrag, die »Endlösung« der Juden herbeizuführen. Heydrich war verantwortlich für die Erfassung und Sammlung der Juden, für ihre Massenvernichtung durch Gas und für die Massenerschießungen in der westlichen Sowjetunion durch spezielle Einsatzgruppen. Er ordnete zudem die Bildung einer jüdischen Selbstverwaltung an, in der die Menschen letztlich ihre eigene Vernichtung organisieren und am Schluß sich selbst auf die Deportationslisten setzen mußten.

Im Herbst 1941 verließ Heydrich das Reichssicherheitshauptamt und ging als stellvertretender Reichsprotektor nach Prag. Er blieb aber Chef der Sicherheitspolizei und des Sicherheitsdienstes. In Prag fiel er am 27. Mai 1942 einem Anschlag zum Opfer, an dessen Folgen er am 4. Juni starb. Um seinen Tod zu rächen, wurden Hunderte von Menschen umgebracht.

Einrichtungen begünstigten das Auftreten von Seuchen wie Fleckfieber (Hungertyphus). Die ständige Anspannung und Überwachung führten zu Zuständen im Ghetto, die menschenwürdiges Verhalten zum Erliegen brachten und immer mehr denen in den Konzentrationslagern glichen.

Um eine reibungslose Abwicklung der Deportationen zu gewährleisten, befahl Heydrich, daß Judenräte eingesetzt werden sollten, deren Mitglieder für die exakte Durchführung aller Befehle mit ihrem Leben hafteten. So wurde am 28. November 1939 eine Verordnung erlassen, nach der im Gebiet des Generalgouvernements (Polen und Tschechoslowakei) alle jüdischen Gemeinden bis 10.000 Mitglieder einen zwölfköpfigen, bei höherer Einwohnerzahl einen 24köpfigen Judenrat zu wählen hatten. Zu diesem Zeitpunkt existierten bereits etliche Judenräte. Mit der Verordnung jedoch wurden sie der staatlichen Oberaufsicht unterstellt.

Die Judenräte setzten sich aus Männern zusammen, die vor dem deutschen Überfall bereits öffentliche Ämter als Gemeinde- oder Stadträte oder in jüdischen Einrichtungen und Wohlfahrtsverbändern bekleidet hatten. Sie sollten ferner des Deutschen mächtig sein. Ihre Aufgabe bestand nun in der Weitergabe deutscher Befehle und der Auslieferung von Vermögenswerten, jüdischer Arbeitskraft und jüdischen Lebens an die Deutschen. Die Mitglieder eines Judenrats hafteten persönlich für die Durchführung der Order. Zwar versuchten sie nach Möglichkeit, die Zustände in den Ghettos zu verbessern, gleichzeitig unterstanden sie jedoch den deutschen Befehlen und der deutschen Willkür und mußten immer mehr Mitglieder ihrer Gemeinden der Vernichtung zuführen. Auch tendierten die Bewohner der Ghettos dazu, auftretende Mängel in erster Linie den Judenräten anzulasten statt der deutschen Aufsicht. Im Laufe der Zeit nahm schließlich die Fürsorgetätigkeit der Judenräte immer mehr ab. Schließlich fungierten sie nur noch als Instrument zur Ausführung der NS-Verordnungen. Wem die Judenräte unterstanden, war lange Zeit nicht genau geregelt. Teilweise waren die Bürgermeister und Stadträte, teilweise der Stadt- oder Kreishauptmann zuständig. Dabei entstanden Rangeleien unter den beteiligten Stellen.

In den Ghettos zwangen die Nazis die Judenräte dazu, die Funktionen einer Stadtverwaltung auszufüllen. Günstlingswirtschaft und Korruption waren an der Tagesordnung. Mit dem Beginn der Deportationen in die Vernichtungslager im Sommer 1942 mußten die Judenräte die Deportationslisten zusammenstellen.

Das erste große Ghetto entstand im April 1940 in der blühenden Industriestadt Lodz, einem Zentrum jüdischer Kultur. Es wurde geheim konzipiert, da man hoffte, in den Wirren einer schlagartigen Einrichtung möglichst viele zurückgelassene Vermögenswerte konfiszieren zu können. Als Ort wurde ein Elendsviertel von Lodz bestimmt, aus dem zu einem bestimmten Datum alle Polen und Deutschen auszuziehen hatten. Sodann trieb man die jüdische Bevölkerung, die in anderen Stadtteilen lebte – mehr als ein Drittel der Einwohner waren Juden – zwischen Februar und April in dieses Viertel und riegelte es am 10. Mai hermetisch ab. Selbst innerhalb des Ghettos durften sich die Menschen nicht mehr frei bewegen.

1940 wurden auch im Generalgouvernement Ghettos eingerichtet. Das bekannteste und größte war das Ghetto von Warschau, dessen Aufbau ein ganzes Jahr in Anspruch nahm. Anfang November 1939 wurde ein Bezirk der Altstadt, der hauptsächlich von Juden bewohnt war, zum »Seuchensperrgebiet« erklärt, das Nichtjuden zu verlassen hatten. Anschließend richteten die deutschen Machthaber ein Amt ein, das sich nur mit dem Problem der Umsiedlung der Warschauer Juden beschäftigen sollte. Anfänglich gab es 28 Zugänge zum Ghetto, die allerdings nur mit Passierschein benutzt werden konnten. Dann jedoch wurde ihre Anzahl reduziert und der Bezirk mit einer hohen Mauer umgeben. Trotz der beengten Verhältnisse entwickelte sich im Ghetto eine Art Wirtschaftsleben. Die Einwohner arbeiteten mit hohem Einsatz, denn in ihrer Unentbehrlichkeit sahen sie ihre Überlebenschance.

Im November 1940 wurde das Warschauer Ghetto von der Außenwelt abgeriegelt. Zu diesem Zeitpunkt lebten dort 400.000 Juden.

Als die Deportationen aus diesem Ghetto in das Vernichtungslager Treblinka begannen, versuchten sich die Menschen gegen ihren sicheren Tod zur Wehr zu setzen. Von seiten des Judenrats kam allerdings keinerlei Hilfe. Vom 19. April bis 16. Mai 1943 lieferten sich die Widerständler regelrechte Schlachten um Häuser und Straßenzüge mit Waffen-SS und Polizei. Deren Übermacht war jedoch zu groß. Am 16. Mai wurde als Zeichen, daß der jüdische Widerstand gebrochen war, die große Synagoge in die Luft gesprengt. 50.000 Juden fanden während und nach den Kämpfen den Tod. Die Überlebenden wurden in die Vernichtungslager geschickt.

Die Ghettos waren aber nur ein Abschnitt in der Geschichte des Völkermordes, Zwischenstationen auf dem Weg in den sicheren Tod. Im Zuge der »Aktion Reinhard« – benannt nach dem im Mai 1942 ermordeten Reinhard Heydrich – lösten die Besatzer bis zum November 1943 die Ghettos in Polen auf. Die dort zusammengepferchten Menschen wurden in die Vernichtungslager, vor allem nach Belzec, abtransportiert.

3. Einführung des Judensterns

Eine weitere Maßnahme zur Stigmatisierung der Juden, die sich noch im Deutschen Reich aufhielten, stellte die Einführung des Judensterns dar. Die Kennzeichnung der

Juden gegenüber der nichtjüdischen Bevölkerung war bereits 1938 nach dem Novemberpogrom erwogen worden. Hitler hatte sich jedoch gegen eine derartige Maßnahme ausgesprochen, die entsprechend nur im besetzten Polen durchgesetzt wurde, wo man seinem Verbot keine Bedeutung beimaß. Im August 1941 gelang es dem Propagandaministerium, Hitler in dieser Frage umzustimmen, so daß ab 1. September 1941 die Polizeiverordnung zur Kennzeichnung der Juden in Kraft trat. Fortan hatte jeder Jude ab dem 6. Lebensjahr einen handtellergroßen gelben Stern an seiner Kleidung zu tragen, der die Aufschrift »Jude« trug in Buchstaben, die die hebräischen Schriftzeichen parodierten. Ab April 1942 mußten auch die Wohnungen der Juden mit einem Judenstern gekennzeichnet sein. Die Stigmatisierung war gleichzeitig eine wichtige Maßnahme, um alle Juden schnell erfassen und komplett deportieren zu können. Die öffentliche Kennzeichnung wirkte lähmend und demoralisierend auf die Opfer und führte teilweise zu offen geäußertem Haß von seiten der nichtjüdischen Bevölkerung. Aus Angst vor eigener Ächtung zeigten sich nur die wenigsten solidarisch. Allerdings gab es auch immer wieder Sympathiebekundungen gegenüber den Juden, beispielsweise in Form heimlich zugesteckter Lebensmittelkarten. Mit der Einführung des Judensterns wurde den Trägern verboten, in öffentlichen Verkehrsmitteln einen Sitzplatz einzunehmen und sich in Warteräumen oder Raststätten aufzuhalten. Bald darauf war ihnen auch das Benutzen der öffentlichen Verkehrsmittel nur noch in Ausnahmefällen gestattet.

Bis Mitte 1941 ist ein Prozeß der stufenweisen Ausgrenzung der Juden aus der Gesellschaft zu beobachten. Sie wurden entrechtet, ihrer Vermögen beraubt und zur Zwangsarbeit verpflichtet, in »Judenhäusern« und Ghettos zusammengepfercht und nach außen hin gekennzeichnet.

4. Vernichtungspolitik ab 1941

Der 22. Juni 1941, der Tag des Überfalls auf die Sowjetunion und damit der erneuten Ausweitung des Kriegs, ist als entscheidendes Datum in der Geschichte des faschistischen nationalsozialistischen Antisemitismus anzusehen: Ab da galt den Nazis als oberstes Ziel nicht mehr nur die Judenverfolgung und -vertreibung, sondern ihre vollkommene Vernichtung.

Massenerschießungen in Rußland

Bereits zwei Tage nach dem Einfall in die westlichen Regionen des russischen Riesenreichs starben die ersten Juden unter den Gewehrsalven der deutschen Erschießungskommandos. Diese Kommandos hießen »Einsatzgruppen der Sicherheitspolizei und des Sicherheitsdienstes«, und sie unterstanden dem Oberbefehl des Reichsführers SS *Heinrich Himmler*. Die Erschießungskommandos waren als Elitetruppe mit ideologischem Auftrag geformt. In ihren Führungspositionen befanden sich auffallend viele Akademiker. Als ausführende Personen fungierten Männer aus der Gestapo und Kriminalpolizei, dem Sicherheitsdienst des Reichsführers SS und der Waffen-SS. Sie waren ermächtigt, aus eigener Verantwortung heraus »weltanschauliche Gegner« zu erschießen. Als solche definierte man neben den Juden auch die Kommunisten. Die vier Einsatzgruppen von insgesamt 3.000 Mann hatten die Aufgabe, im Baltikum, der Ukraine, auf der Krim und in Weißrußland Massenerschießungen vorzunehmen. Daneben zeichneten auch Angehörige des Polizeibataillons 101 für die Morde verantwortlich. Die betroffenen Teile der Wehrmacht und die zivilen Besatzungsbehörden hatten von den Ereignissen nicht nur Kenntnis, sondern waren teilweise auch an deren Vorbereitung beteiligt bzw. Zeugen der Erschießungen. So halfen Angehörige der Polizei mit,

Heinrich Himmler (1900 bis 1945)

Heinrich Himmler wurde am 7. Oktober 1900 in München geboren. Als Sohn eines Gendarmerievorstehers und ehemaligen Prinzenerziehers wuchs er in einer von Zucht, Ordnung und Frömmigkeit geprägten familiären Umgebung auf. Das Gymnasium absolvierte er als Musterschüler. Nach dem Ersten Weltkrieg kam er über eine rechtsradikale Soldatenvereinigung mit der NSDAP in Kontakt und nahm bereits am Putschversuch Hitlers 1923 teil. 1929 wurde er zum Führer der SS (Schutzstaffel) ernannt, die damals 300 Mitglieder hatte. Bis 1933 konnte er diesen Verband auf 50.000 Mann erweitern. Im Verlauf der Machtergreifung gewann er zusammen mit Reinhard Heydrich die Kontrolle über die Politische Polizei. An der Ermordung des SA-Führers Ernst Röhm im Juni 1934 war er entscheidend beteiligt. Die SS wurde nun zur eigenständigen Organisation mit Himmler als Reichsführer SS an ihrer Spitze. Im Laufe der nächsten Jahre gelang es ihm, die SS zu einem mächtigen Apparat, einer Art Staat im Staate, auszubauen. Ihm unterstanden die SS-Verfügungstruppe, das Reichswirtschafts- und das Reichsverwaltungshauptamt, die Konzentrationslager, der SS-Sicherheitsdienst, das Rasse- und Siedlungshauptamt sowie die auf 40 Divisionen angewachsene Waffen-SS. Das Himmlersche Führungskorps war weitgehend selbständig gegenüber der zivilen und militärischen Verwaltung. Nachdem klar war, daß der Zweite Weltkrieg für Deutschland verloren war, suchte Himmler vergebens Kontakt zu den Westalliierten. Er floh nach Kriegsende, wurde jedoch bald gefaßt und beging am 23. Mai 1945 mit Zyankali Selbstmord.

Versteckte und Untergetauchte zu finden und ihrer Exekution zuzuführen. Aber auch Zivilisten leisteten Unterstützung, beispielsweise als Dolmetscher. Ferner wurden einheimische Hilfstruppen bei den Massenmorden hinzugezogen. Üblicherweise schürten sie zunächst die latent vorhandene antisemitische Stimmung bei der einheimischen Bevölkerung, um diese selbst zu Übergriffen gegen jüdische Mitbürger zu provozieren. Die Überlebenden der Pogrome wurden anschließend gefangen und unter schrecklichen Umständen ermordet. Im Verlauf von neun Monaten fand unter den Gewehrsalven bis auf wenige Ausnahmen die gesamte jüdische Bevölkerung der westlichen Sowjetunion den Tod. Grauenvolle Szenen spielten sich ab. Die Menschen mußten erst ihr eigenes Massengrab ausheben, sich dann nackt ausziehen und an den Rand der Grube stellen, wo sie erschossen wurden – Frauen, Kinder, Männer, Alte, Junge ohne Unterschied, oft Tausende an einem Tag.

Das größte Massaker ereignete sich in der Nähe von Kiew, wo die Einsatzgruppen die jüdische Bevölkerung unter dem Vorwand, sie umzusiedeln, mit aller Habe auf dem Sammelplatz antreten ließ und anschließend in einem langen Fußmarsch zu ihrer Exekutionsstätte führte. Die meisten glaubten bis zuletzt an ihre Umsiedlung. In einer Schlucht von 150 Metern Länge und 30 Metern Breite namens Babi-Jar wurden die inzwischen nackten Menschen erschossen. Die Lebenden mußten sich auf die Toten legen und wurden dann per Genickschuß ermordet. Ihre Habe, Wertsachen, Kleidung, Gegenstände aller Art, sammelten die Nazis ein und transportierten sie ab. Zwei Tage dauerte das Morden an 33.000 Menschen – denen noch nicht einmal ein Massengrab vergönnt war. Seit dem Frühjahr 1943 bemühten sich die Tötungskommandos nämlich, keine Spuren ihres schrecklichen Handwerks zu hinterlassen. So wurden KZ-Häftlinge gezwungen, die sterblichen Überreste

Die größten Massaker

Diese massenhafte Erschießung von Juden begann mit dem Einmarsch der Wehrmacht in die Sowjetunion. Aber auch in den baltischen Staaten sowie in Jugoslawien, das ab 1941 von deutschen Truppen besetzt war, wurden die jüdischen Gemeinden auf diese Weise völlig ausgelöscht. In Jugoslawien machten sich auch Teile der Wehrmacht zu Mördern an männlichen Juden, Sinti und Roma.
Die schlimmsten Massaker waren:
- Kiew am 28/29. September 1941: 33.000 Tote
- Dnjepropetrowsk am 12./13. Oktober 1941: 11.000 Tote
- Odessa am 23. bis 25. Oktober 1941: 26.000 Tote
- Rowno am 6. November 1941: 15.000 Tote
- Riga am 8. Dezember 1941: 27.000 Tote
- Wilna am 22. Dezember: 32.000 Tote
- Simferopol am 30. Dezember 1941: 10.000 Tote

wieder auszugraben, zu verbrennen und die Knochen zu Asche zu zerstoßen.

Die Massenerschießungen in Rußland deuten darauf hin, daß die nationalsozialistischen Machthaber schon geraume Zeit vor dem Überfall auf die Sowjetunion die völlige Vernichtung der Juden planten: Sonst hätten die Einsatzgruppen nicht in dem Maße funktionieren können.

Deportationen

Im Herbst 1941 begannen die nationalsozialistischen Machthaber die systematische und bürokratisch bis ins Detail gesteuerte Deportation der Juden aus Deutschland nach Osten. Dies markiert den Beginn der auf Vernichtung der gesamten europäischen Judenheit ausgerichteten Politik. Das Vorgehen war sorgfältig vorbereitet worden. Erste »Versuchs«- Deportationen hatte es bereits kurz nach Kriegsbeginn gegeben, als im Februar 1940 deutsche Juden aus Stettin in ein Ghetto in der Gegend von Lublin getrieben wurden. Im gleichen Jahr wurde in Baden, der Pfalz, in Elsaß-Lothringen und dem Saarland die jüdische Bevölkerung von der Gestapo verhaftet und nach Südfrankreich transportiert, wo sie die dortige Vichy-Regierung sofort in Lagern internieren ließ. Diese Deportation ist unter ihrem Tarnnamen als »Bürckel-Aktion« in die Geschichte eingegangen. Ein Drittel der Betroffenen überlebte die Haft, während die nach Lublin Verschleppten den im Frühjahr 1942 beginnenden Massenmorden zum Opfer fielen. Diese Aktionen waren regional begrenzt und blieben zunächst noch ohne Nachahmung.

Ab Oktober 1941, kaum mehr als drei Wochen nach der Einführung des Judensterns, wurden die Befehle zur »Evakuierung« der Juden verschickt, wie die angestrebte Ermordung im zynischen Sprachgebrauch der Machthaber hieß. Die Betroffenen mußten alle in ihrem Besitz befindlichen Wintersachen sowie alle entbehrlichen Kleidungsstücke für die Soldaten an der Ostfront abliefern. Des weiteren hatten sie alle Fotoapparate, Fahrräder, Schreib- und Rechenmaschinen etc. herauszugeben. Die Befehle enthielten genaue Verhaltensmaßregeln, wie die Juden ihre Wohnung hinterlassen sollten und daß die Strom- und Gasrechnung zu begleichen sei. Mit dem gleichen Schreiben teilte man ihnen mit, daß ihr Vermögen nunmehr beschlagnahmt und alle über ihr Vermögen getroffenen Verfügungen wirkungslos seien. Alle nach Erhalt des Befehls verkauften oder verschenkten Gegenstände mußten mit Namen des Begünstigen aufgeführt und zusammen mit Urkunden wie beispielsweise Wertpapieren, Schuldscheinen und Versicherungspolicen eingereicht werden. Damit zwangen die Beraubenden die

Beraubten, bürokratische Handlangerdienste für sie zu verrichten. Um sich noch ungenierter – nämlich pseudolegal – am Vermögen der Juden bereichern zu können, war das Reichsbürgergesetz um den Passus erweitert worden, daß das Vermögen dem Staat anheimfalle, wenn eine Person ihre Staatsbürgerschaft verliere. Letztere galt auch dann als verwirkt, wenn ein Jude sich in den durch deutsche Truppen besetzten oder unter deutsche Verwaltung genommenen Gebieten aufhielt, vor allem in den Ostgebieten. Damit hatten die Nazis eine rechtliche Basis geschaffen, um die Juden ihres Vermögens zu berauben, nachdem man sie zwangsweise aus Deutschland entfernt hatte.

Die Deportationen wurden von der Gestapo durchgeführt. Die Juden hatten sich entsprechend dem Evakuierungsbefehl zu einem bestimmten Datum an einer Sammelstelle einzufinden. Sie mußten ihre persönliche Habe in mit ihrem Namen gekennzeichneten Koffern mitbringen. Diese Maßnahme diente dazu, den Opfern vorzugaukeln, sie hätten tatsächlich die Möglichkeit, sich an einem anderen Ort eine neue Existenz aufzubauen. In Wahrheit wurden die Koffer beschlagnahmt und geplündert. Man registrierte die Menschen unter einer Evakuierungsnummer – raubte ihnen also gleichsam die Persönlichkeit sowie ihre bürgerliche Existenz. Als Ziel der Deportation wurde in der Regel nur »Ostland« angegeben, so daß sich der Todesort vieler einzelner nicht mehr feststellen läßt – was für überlebende Verwandte oft zusätzlich quälend ist.

Die Menschen wurden anschließend in Viehwaggons gequetscht und tagelang unter unvorstellbaren Bedingungen nach Osten in verschiedene Konzentrationslager transportiert. Seit dem 14. Oktober rollten die ersten Züge aus Hamburg, München, Köln, Frankfurt, Berlin und anderen großen Städten zu den Ghettos im Osten und in den besetzten Gebieten der Sowjetunion. Die erste Deportationswelle dauerte bis Januar 1942. Davon waren rund 20.000 Juden aus Deutschland und etwa 30.000 aus Österreich, Böhmen und Mähren betroffen. Das Ziel der Verschleppung bildete das Ghetto in Riga. Für die meisten bedeutete Riga die letzte Station ihres Lebens. Von hier aus wurden die Menschen in Bussen in die umliegenden Wälder gekarrt und erschossen. Diese Erschießungen waren den Einheimischen bekannt, die, wenn sie aus den Wäldern nichts mehr hörten, hingingen, um die Stätte des Grauens anzuschauen. Anhand der halbverbrannten Habseligkeiten konnte man erkennen, daß hier Menschen aus den verschiedensten Gebieten Europas den Tod gefunden hatten.

Grundlage für diese furchtbaren Ereignisse war ein Erlaß Görings, der am 31. Juli 1941 Heydrich schriftlich aufforderte, den Plan für eine wie es im Text hieß »Gesamtlösung der Judenfrage« auszuarbeiten. Die verschleiernde Sprache meint nichts anderes als den Massenmord. Dreh- und Angelpunkt dieser Entwicklung war Hitler, dessen Wünsche und Vorstellungen, im kleinen Kreis von Vertrauten geäußert, stets sofort in die Tat umgesetzt wurden. Dies brachte die Herrschaftsstruktur des NS-Staates mit sich, wo sich alles auf die Person des »Führers« konzentrierte. Ob es allerdings einen direkten Globalbefehl Hitlers zur Tötung aller Juden im deutschen Machtbereich gegeben hat, darüber gehen die Meinungen der Historiker auseinander.

Die »Endlösung der Judenfrage«

Eine einheitliche Vorgehensweise beim geplanten Massenmord wurde in Details besprochen und festgelegt auf der von Heydrich einberufenen Wannsee-Konferenz am 20. Januar 1942. Als Teilnehmer hatte er mehrere Staatssekretäre geladen. Daneben waren Angehörige des SS- und Polizeiapparates, darunter Adolf Eichmann, anwesend. Heydrich wollte den Teilnehmern verdeutlichen, daß seine Behörde für die »Endlösung der Judenfrage«, sprich die Ermordung aller Juden, verantwortlich war und sie bereits vorbereitete. Ferner sollte die Zusammenarbeit der wichtigsten Instanzen des Reichs – wie des Auswärtigen Amtes oder des Verkehrsministeriums – bei der Vernichtung der Juden gesichert werden. Daneben erarbeiteten die Nazis Vorgehensweisen, wie mit Juden in Mischehen, mit ausländischen sowie mit denjenigen Juden umzugehen war, die zwangsweise in der Rüstungsindustrie arbeiteten. Als zentralen Punkt hob Heydrich die genaue Erfassung der Juden hervor. In dieser beispiellosen Konferenz trafen sich also Menschen, um die Vernichtung anderer Menschen bürokratisch zu planen!

Es wurde festgelegt, daß die Juden durch Zwangsarbeit bei unzureichender Ernährung zu töten seien und diejenigen, die nicht arbeiten konnten, direkt vergast werden sollten – beziehungsweise »entsprechend behandelt«, wie es verschleiernd hieß. Ferner beschlossen die Versammelten, alle europäischen Juden nach Osten zu transportieren und dort zu vernichten. Alte Juden und solche mit Kriegsauszeichnungen aus dem Ersten Weltkrieg sollten in ein spezielles Altersghetto kommen, nach Theresienstadt. Anschließend wurden verschiedene Möglichkeiten für die Tötung von möglichst vielen Menschen innerhalb kürzester Zeit erörtert. Heydrich ließ keinen Zweifel daran, daß alle Juden Europas (!) getötet werden sollten. Eine derartige »Gesamtlösung« konnte allerdings nicht mehr aus von Einsatzgruppen durchgeführten Erschießungen bestehen. Nun entwickelte man den Plan des industrialisierten Massenmordes und griff dabei auf Erfahrungen zurück, die man bei der Tötung von Insassen psychiatrischer Anstalten gewonnen hatte. Diese Menschen waren in Bussen so lange umhergefahren worden, bis sie an den ins Wageninnere geleiteten Auspuffgasen erstickt waren. Da diese Methode den Nazis als »zu aufwendig« erschienen

Vernichtung der jüdischen Bevölkerung in Europa 1939 – 1945

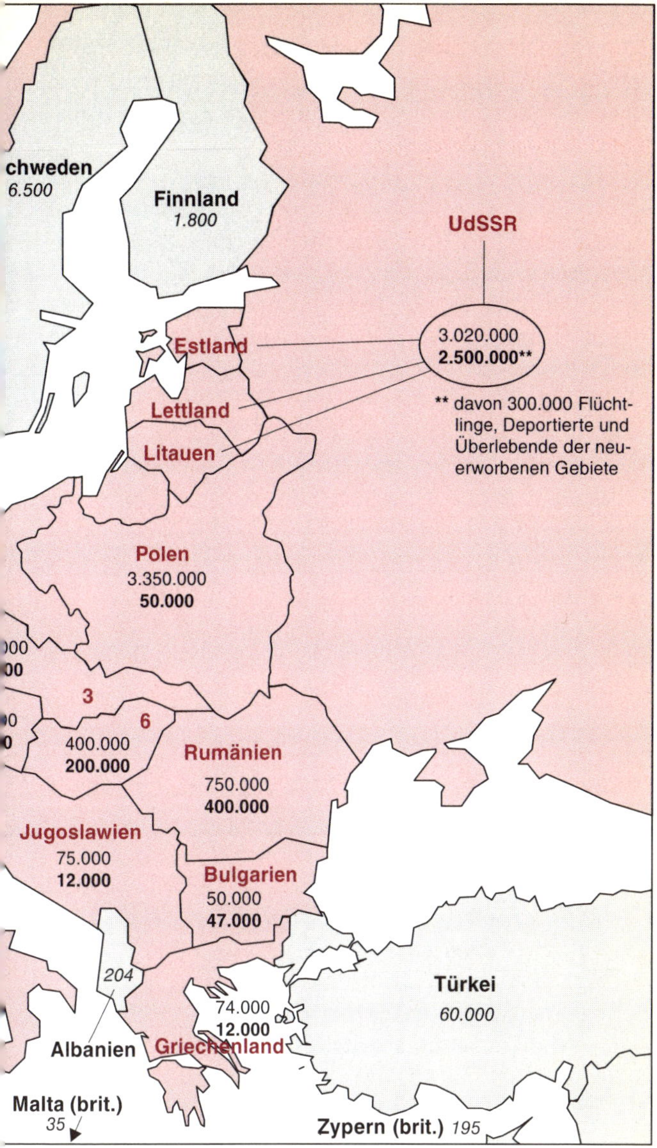
chweden
6.500
Finnland
1.800
UdSSR
3.020.000
2.500.000**
** davon 300.000 Flüchtlinge, Deportierte und Überlebende der neuerworbenen Gebiete
Estland
Lettland
Litauen
Polen
3.350.000
50.000
3
6
400.000
200.000
Rumänien
750.000
400.000
Jugoslawien
75.000
12.000
Bulgarien
50.000
47.000
204
Albanien
74.000
12.000
Griechenland
Türkei
60.000
Malta (brit.)
35
Zypern (brit.) 195

war, hatten sie daraufhin erstmals Zyklon B für den Mord an Geisteskranken verwendet.

Nach Konferenzende wurde ein Papier in 30 Kopien angefertigt und an die Teilnehmer der Runde versandt. Diese Dokumente existieren nicht mehr.

Mit der Organisation der Vernichtung der Juden wurde das Referat IV B4 des Reichssicherheitshauptamtes betraut, das *Adolf Eichmann* leitete. Er veranlaßte unmittelbar nach Ende der Konferenz, daß alle im Gebiet des Deutschen Reichs lebenden Juden erfaßt wurden, deren Transport in das Altersghetto Theresienstadt beschlossen war.

Ab Ende 1941 diente die österreichische Festung Theresienstadt als Ghetto, zunächst für Juden aus Böhmen und Mähren. Ab 1942 wurden über 40.000 Juden in dieser Festung interniert, die den Charakter eines KZs hatte und unter dem Kommando der SS stand. Diesen Menschen war vorgegaukelt worden, sie seien Prominente und Privilegierte und kämen an einen besonders geeigneten Ort. Die Reichsvereinigung der Juden mußte sogar Heimeinkaufsverträge anbieten, in denen den Betreffen-

Adolf Eichmann (1906 bis 1962)

Adolf Eichmann wurde am 19. März 1906 in Solingen geboren, wuchs allerdings in Linz auf. Er stammte aus kleinbürgerlichen Verhältnissen. Ohne schulischen Abschluß arbeitete er 1925–1933 als Verkäufer und Reisevertreter. Bereits 1932 schloß er sich der NSDAP und der SS an. Nach der Machtübernahme durch die Nazis meldete er sich zum Sicherheitsdienst (SD), für den er seit 1934 im SD-Hauptamt in Berlin arbeitete.

Seit Beginn seiner Tätigkeit in Berlin war Eichmann mit der »Judenfrage« befaßt. Er organisierte und koordinierte die Beobachtung und Erfassung von jüdischen Organisationen und Personen mit dem Ziel, sie aus Deutschland zu vertreiben. 1938 wurde Eichmann zum Leiter der neugeschaffenen Zentralstelle für jüdische Auswanderung. Wegen seiner als vorbildlich angesehenen Arbeit berief man ihn 1939 ins Reichssicherheitshauptamt, wo er für die praktische Organisation der Vertreibung von Polen und Juden aus Polen zuständig war. 1940 und 1941 organisierte er vor allem die großangelegten Deportationen. Eichmann wußte über den Umfang der Ermordung der Juden genau Bescheid. Er reiste in die Vernichtungslager, um sich über deren »Arbeitsweise« zu informieren. Ebenso war er Zeuge von Massenerschießungen. Eichmann trug entscheidend dazu bei, daß die Nazis ihr Programm der Vernichtung der Juden derart umfassend verwirklichen konnten. Dabei ließ ihn das Schicksal der betroffenen Menschen kalt. Eichmann war der typische Schreibtischtäter.

Noch 1944 errichtete er eine Kommandostelle zur Deportation der ungarischen Juden in Budapest.

Bei Kriegsende tarnte er sich als Fliegeroffizier und kam in ein Gefangenenlager. Nach erfolgreicher Flucht blieb er bis 1950 als Holzarbeiter in der Lüneburger Heide. Dann wanderte er nach Argentinien aus, wo er bis 1960 unbehelligt lebte. Am 11. Mai 1961 jedoch hatte ihn der israelische Geheimdienst aufgespürt: Er entführte Eichmann nach Jerusalem, wo ihm wegen seiner Verbrechen der Prozeß gemacht wurde. Dieser wichtige Prozeß erhellte, mit welcher Präzision die Nazis bei der Vernichtung der Juden vorgegangen waren. Am 31. Mai 1962 wurde Eichmann hingerichtet.

den Pflege und ein geruhsames Domizil versprochen wurde.

Die Ankunft in Theresienstadt war entsprechend ein Schock. Die Verschleppten fanden grauenvolle hygienische Verhältnisse, überfüllte Massenunterkünfte in maroden Kasernen und Nahrungsmittelmangel vor. Viele Menschen starben, vor allem ältere. Auch in Theresienstadt mußte eine jüdische Selbstverwaltung gebildet werden, die für die Durchführung der SS-Befehle zu sorgen hatte.

Theresienstadt war für die meisten Ankömmlinge nur eine Durchgangsstation auf dem Weg in die Vernichtungslager, ab Oktober 1942 führen die Züge nur noch nach Auschwitz. Im August und September 1944 wurde ein Propagandafilm über Theresienstadt gedreht mit dem sarkastischen Titel »Der Führer schenkt den Juden eine Stadt«. Zu diesem Zweck und weil eine Delegation des Roten Kreuzes sich über die Zustände im »Altersghetto« ein Bild machen wollte, wurde das Lager entsprechend präpariert. Der Film blieb allerdings Fragment und kam nicht in die Kinos. Im Herbst 1944 fanden die letzten Deportationen statt. Zurück blieben noch etwa 11.000 Menschen, fast die Hälfte davon Dänen und Niederländer.

Der Verwaltungsapparat, der seit der Wannsee-Konferenz die Vernichtung der Juden durchführte, bestand aus einer Vielzahl verschiedener Dienststellen in Deutschland und in den besetzten Gebieten, nicht zuletzt aus der Reichsbahn, die die Transporte durchführte. Ab März 1942 wurden rund 70.000 weitere Juden nach Osten deportiert, zum Teil erst in Durchgangslager, wo sie Zwangsarbeit verrichten mußten, und von da in die Vernichtungslager Belzec, Lublin-Majdanek und Sobibor. Von nun an riß die Kette der Deportationen nicht mehr ab. Aus allen von den Deutschen besetzten Gebieten wurden die Juden zusammengetrieben, in Viehwaggons verladen und nach Osten in die Arbeits- und Vernichtungslager gebracht. Die Möglichkeiten zur Deportation hingen jeweils von der Stärke der militärischen Präsenz der Deutschen ab. So lebten die Juden etwa in Italien in vergleichsweiser Sicherheit gegenüber denen in den Niederlanden, da dieser Staat vollkommen den deutschen Machthabern unterstellt war. Die meisten mit Deutschland verbündeten und befreundeten Mächte unterstützten den Massenmord an den Juden. In Serbien meldete der zuständige Befehlshaber der Wehrmacht im August 1942, daß in diesem Land die »Judenfrage und Zigeunerfrage gelöst« sei. Die ungarischen Juden traf das Schicksal der Vernichtung als letzte große Gruppe im Frühjahr 1944.

Ein besonders krasses Beispiel ist die Vernichtung der blühenden jüdischen Gemeinde von Saloniki in Griechenland Mitte 1942 bis August 1943. In kurzer Zeit durchliefen die unglücklichen Menschen alle Stationen der Demütigung, Stigmatisierung und der Zwangsarbeit, die für viele zum Tod führte. Kurz darauf wurden sie in ein als Ghetto abgetrenntes Viertel ihrer Stadt gesperrt und von dort aus in mehreren Schüben deportiert. Jedesmal wurde den Zurückbleibenden versichert, sie könnten ganz beruhigt sein, ihnen geschehe kein Leid. Etwa 46.000 griechische Juden kamen auf diese Weise in das KZ, das noch heute für den industrialisierten Massenmord steht und jenseits menschlicher Vorstellungskraft liegt, nach Auschwitz.

Auschwitz – Symbol der Vernichtung

Im Frühjahr 1940 wurde das KZ Auschwitz auf Befehl Himmlers eingerichtet. Ursprünglich war es als Durchgangslager geplant, bald aber entwickelte es sich zum größten Vernichtungslager des NS-Regimes.

Auschwitz bestand aus einem Stammlager (Auschwitz I), den Lagern Birkenau (Lager II) und Monowitz (Lager III). Ferner gehörten 38 Nebenlager dazu, in denen die Gefangenen Sklavendienste für die deutsche

Industrie leisten mußten, immer mit dem Ziel, sie durch Arbeit und ungenügende Ernährung zu Tode zu bringen. Die I. G. Farben etwa baute direkt neben das Lager eine große Fabrikanlage.

Birkenau stellte das eigentliche Vernichtungslager dar. Hier befanden sich die Selektionsrampe und der Gleisanschluß, hier kamen die überfüllten Züge an. Gleich bei der Ankunft wurden die Arbeitsfähigen von denen getrennt, die direkt durch Gas sterben sollten. Von diesen blieb nichts zurück, da man ihnen alle Habe, auch die Kleidung, raubte und die Haare schor. In keiner Liste wurden sie erfaßt, kein bürokratischer Vorgang hinterließ Namen oder Hinweise. Diese Menschen starben und waren verschwunden, als hätte es sie nie gegeben.

Im September 1941 wurde im Stammlager der erste »Versuch« durchgeführt, mit Gas Menschen umzubringen. Im Januar 1942 begann man mit dem Ausbau der Krematorien. Vier Krematorien waren zum Schluß in Betrieb. Die Gaskammern wurden als Duschen getarnt. Nebenan standen Baracken, in denen die Opfer sich entkleiden mußten; spezielle Räume dienten der Aufbewahrung der Wertgegenstände, Brillen, Schuhe, Koffer, Kleider, sogar Haare. Alles sollte weiterverwendet werden.

Als der Massenmord wie am Fließband funktionierte, in den Jahren 1942 bis 1944, wurden bis zu 90 Prozent der Ankommenden sofort in den Tod geschickt. Die anderen folgten ihnen nach, sobald ihre Arbeitskraft erschöpft war. Ende Oktober 1944 befahl Himmler die Zerstörung der Vernichtungsanlagen, um keine Spuren des verbrecherischen Tuns zu hinterlassen. Etwa eine Million Menschen wurden in Auschwitz ermordet.

Vergleichbar mit Auschwitz ist nur noch ein Lager, Majdanek, das, in einem Stadtteil von Lublin errichtet, als »grüne Hölle« bezeichnet wurde. Auch hier ermordeten die Nazis ihre Opfer mit Gas, später dann aber in Massenerschießungen. Sie nannten diese Massaker, bei

Menschenversuche

In den KZs wurden die zur Vernichtung bestimmten Juden unmenschlichen Quälereien unterworfen. An ihnen wurden – vor allem während der Kriegszeit – medizinische Experimente mit Bakterien und Viren durchgeführt. Darunter fielen Versuche mit Fleckfieber-Viren, Malaria, Thyphus oder Hepatitis. Operationen fanden zum Teil bei vollem Bewußtsein statt. Besonders hervorzuheben sind hier die Sterilisationensexperimente bei Sinti- und Roma-Frauen sowie bei Jüdinnen in den KZs Ravensbrück und Auschwitz, die die Ärzte Claus Clauberg und Horst Schumann durchführten.

Zum Synonym für die Menschenversuche wurde der Name Josef Mengele. Er experimentierte mit Zwillingen und kleinwüchsigen Menschen, wobei seine Experimentierfreude mit den als »Material« bezeichneten Opfern keine Grenzen zu kennen schien. So versuchte er genetisch Haar- und Augenfarbe von Zwillingen zu verändern. Konnten seine Versuchspersonen die grausamen Manipulationen nicht mehr durchstehen, ließ er sie töten.

Im KZ Dachau experimentierten die pervertierten Mediziner – hier ist vor allem der Lagerarzt Sigmund Rascher zu nennen – mit Unterdruckkammern und Eiswasserwannen, in die die Opfer stundenlang gesetzt wurden.

denen sie etwa 18.000 Menschen systematisch in vorher ausgehobenen Gräben ermordeten, zynisch »Aktion Erntefest«.

Von der Deportation ausgenommen waren zunächst die Juden, die gezwungenermaßen in der Rüstungsindustrie arbeiteten und die man dort wegen ihres harten Ein-

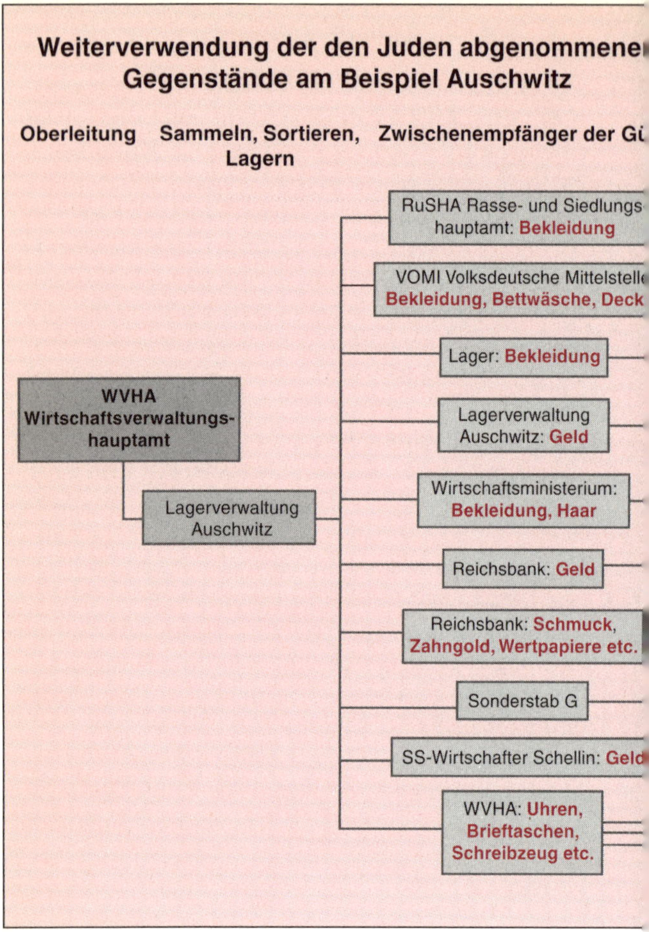

satzes um ihr Leben schätzte. Im Herbst 1942 jedoch befahl Hitler auch ihre Vernichtung. Als Ersatz für die jüdischen Zwangsarbeiter sollten Polen nach Deutschland entsandt werden. Im Februar 1943 fand die sogenannte Fabrik-Aktion statt, während der alle jüdischen Rüstungsarbeiter nach Auschwitz deportiert werden

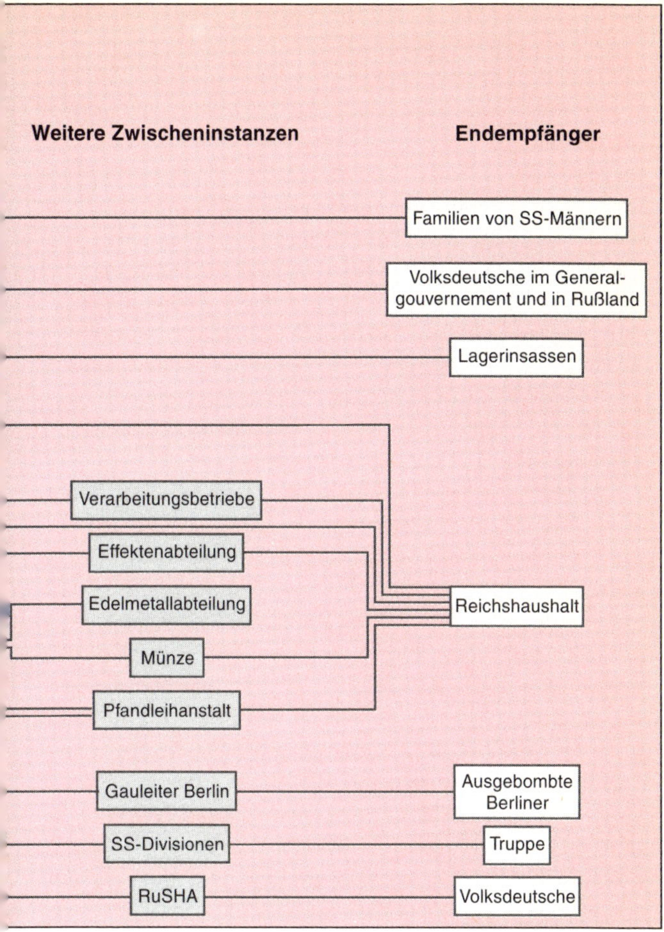

sollten. Die christlichen Angehörigen der Berliner Juden, die in der Rosenstraße interniert worden waren, erreichten jedoch durch eine beispiellose Demonstration, daß ihre Angehörigen verschont blieben.

Die Selektion an der Rampe in Auschwitz erfolgte durch Ärzte, die in den Lagern an den Häftlingen beiderlei Geschlechts eine Fülle von grausamen medizinischen Versuchen vornahmen.

In der Hölle der KZs gab es aber auch Widerstand gegen Lagerorganisation und Haftbedingungen. Häftlinge unterstützten sich gegenseitig mit Nahrung, Kleidung oder bei der Arbeit. Dies war nicht selbstverständlich, denn die Nazis hatten es darauf angelegt, ihre Opfer durch Konkurrenz um Schlafplatz und Nahrung gegeneinander auszuspielen. Hilfe gegenüber Mithäftlingen und Verweigerung nach oben waren die häufigsten Formen des Widerstands. Aber auch Aufstände, wie der in Sobibor am 14. Oktober 1943 oder Fluchtversuche wie der in Treblinka am 2. August 1943 ereigneten sich. Insgesamt war der Widerstand hinter dem Stacheldraht allerdings eher passiv, so vorhanden.

Das Vorrücken der Kriegsfront und die sich abzeichnende Niederlage Deutschlands im Laufe der Jahre 1944 und 1945 brachte die sukzessive Befreiung der Konzentrationslager durch die alliierten Truppen. Die sich zurückziehende Wehrmacht hatte jedoch die in den Ostgebieten liegenden Lager geräumt und den Versuch unternommen, die Zentren der Vernichtung dem Erdboden gleichzumachen. Diejenigen Häftlinge, die noch in der Lage waren zu gehen, wurden auf lange Märsche, die sogenannten Todesmärsche, getrieben. Dabei starben viele, die die Strapazen dieser erzwungenen Flucht nicht mehr ertragen konnten.

Unter den ersten Konzentrationslagern, die von der sowjetischen Armee befreit wurden, war das Vernichtungslager Lublin-Majdanek, das bereits im Juli 1944 geschlossen werden konnte. Weitere kleinere Lager in Polen folgten. Im Januar 1945 wurde Chelmno (Kulmhof) von den Nazis geräumt, und die Gebäude gingen in Flammen auf.

Im gleichen Monat begann auch der Rückzug aus Auschwitz, der hier exemplarisch für die anderen Lager

Die größten Vernichtungslager		
Vernichtungslager	*Hauptphasen der Vernichtung*	*Todesopfer*
Chelmno (Kulmhof)	8. Dez. 1941 – Sept. 1942 Juni – Juli 1944	150.000
Auschwitz-Birkenau	Feb. 1942 – Nov. 1944	1.000.000
Belzec	März 1942 – Dez. 1942	600.000
Sobibor	Mai 1942 – Okt. 1943	250.000
Treblinka	Juli 1942 – Okt. 1943	800.000
Lublin-Majdanek	Sept. 1942 – Nov. 1943	200.000

kurz beschrieben werden soll. Da Himmler im November 1944 entschieden hatte, daß die »Judenfrage« sich so gut wie erledigt habe, sollte mit der Demontage der Vernichtungsfabriken begonnen werden. Zunächst wurden von den sich noch in den Lagern Auschwitz, Birkenau und Monowitz befindenden ca. 70.000 Häftlingen etwa 58.000 auf den Marsch nach Westen geschickt. Die restlichen, die krank oder entkräftet waren, sollten umgebracht, die Krematorien gesprengt werden. Die am 27. Januar 1945 einmarschierende Sowjetarmee fand lediglich noch 7.000 Häftlinge vor, von denen die meisten in den folgenden Tagen und Wochen an Krankheiten oder Auszehrung starben. In den Magazingebäuden befanden sich noch Tausende von Kleidungsstücken und ganze Berge von Schuhen und persönlichen Gegenständen. Allein in einem Gebäude lagerten sieben Tonnen Menschenhaar!

Im Laufe des Jahres 1945 konnten auch die Konzentrationslager im deutschen Reichsgebiet befreit werden.

In den Vernichtungslagern waren allein über fünf Millionen Juden umgebrachte worden. Die Überlebenden

Wirtschaftsunternehmen und Konzentrationslager 1943

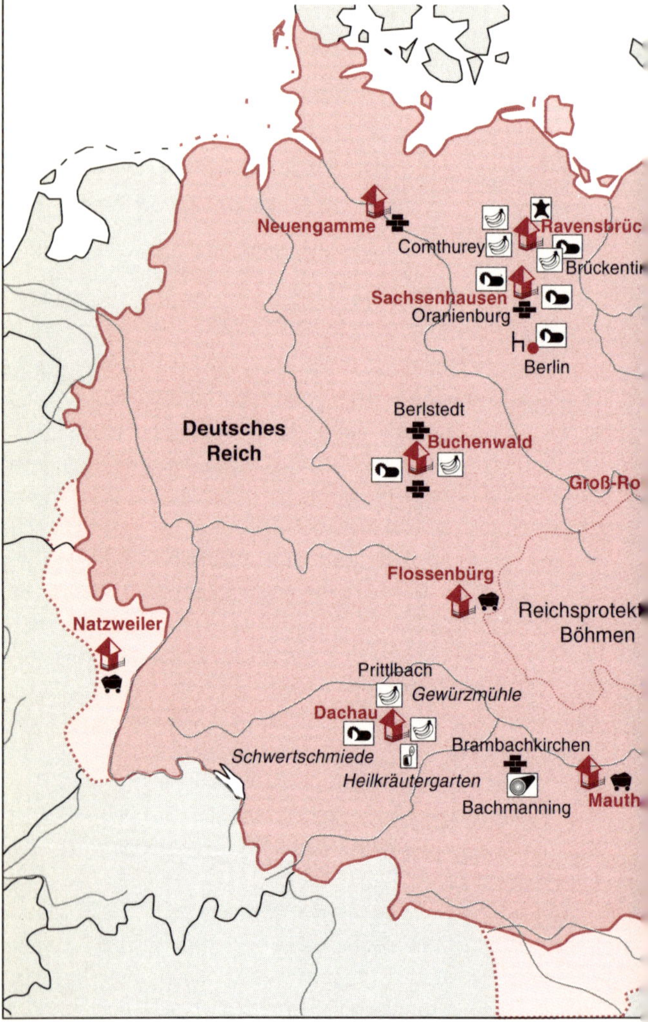

Deutsches Reich
General-gouvernement
Angegliederte Gebiete
Konzentrations-lager
Möbelwerk
Steinbruch, Kieswerk
Ziegelwerk
Deutsche Aus-rüstungswerke GmbH
Deutsche Lebens-mittel GmbH
Deutsche Versuchs-anstalt für Ernäh-rung und Verpfle-gung GmbH
Forst- und Säge-betrieb GmbH
Gesellschaft für Textil- und Lederver-wertung mbH
Golleschauer Port-land Zementfabrik AG
Klinker-Zement GmbH
Ostdeutsche Bau-stoffwerke GmbH
Ostindustrie GmbH (Osti)
Reimannsfelde
Hopehill
Stutthof
Zichenau
Treblinka
Heimstädt
Warschau
Wolomin
Werk I
Lublin
Pulawy
Werk III, V, VII, VIII
Radom
Blizyn
Werk IV
Trawniki
Werk VI
39 Betriebe
Heidelager
Bendsburg
Grodkow
Kattowitz
Plaszow
Krakau
Babitz
Raisko
Skawina

konnten jedoch zunächst nicht mit einer Entschädigung für die Zeit ihrer Inhaftierung rechnen. Erst mit der Gründung der *Jewish Claims Conference* wurde eine Interessenvertretung für jüdische Zwangsarbeiter und Überlebende der Konzentrationslager geschaffen, die sich für die Rechte dieser Menschen einsetzte. An sie leisteten die Firmen, die während der Nazi-Herrschaft jüdische Zwangsarbeiter beschäftigt hatten, in den fünfziger und sechziger Jahren Entschädigungszahlungen, um sich

Conference on Jewish Material Claims against Germany (Jewish Claims Conference)

Im Oktober 1951 gründeten 20 verschiedene jüdische Organisationen als Interessensvertreter der ehemaligen Sklavenarbeiter sowie der Überlebenden der KZs die Conference on Jewish Material Claims against Germany (Konferenz der materiellen Ansprüche der Juden gegen Deutschland). Ziel der Organisation war eine Entschädigungsleistung von 500 Millionen Dollar für die Resozialisierung jüdischer Opfer außerhalb des neu gegründeten Staates Israel. Etliche deutsche Großunternehmen (z. B. Krupp, Siemens), die während der NS-Zeit jüdische Zwangsarbeiter beschäftigt hatten, leisteten in den fünfziger und sechziger Jahren Zahlungen an die Jewish Claims Conference, um sich so einer Flut von Schadensersatzforderungen der ehemaligen Sklavenarbeiter zu entziehen. Auch die Regierung der jungen Bundesrepublik erkannte die Forderung an und erklärte sich nach längeren Verhandlungen 1953 bereit, 715 Millionen Dollar innerhalb von drei Jahren zu bezahlen. Die ebenso junge DDR fühlte sich nicht zuständig mit der Begründung, ihr Staat bestünde aus Widerstandskämpfern.

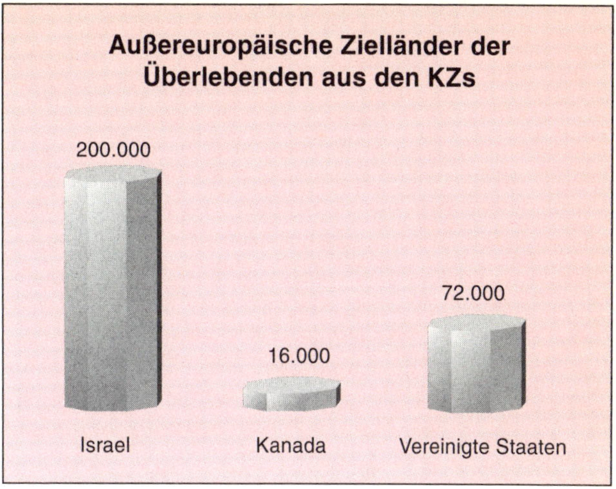

von weitreichenderen Forderungen zu befreien. Die Verfolgung und Ausgrenzung der Juden in Deutschland hatte in aller Öffentlichkeit stattgefunden, die Vernichtung jedoch ging unter größtmöglicher Geheimhaltung vor sich. Die fanatischen Antisemiten in der NS-Führung wußten, daß für den Völkermord keine breite Zustimmung in der Bevölkerung zu erhalten war.

Die Vernichtung der Juden fand statt, weil die Nazis, so banal es klingen mag, darin einen Sinn sahen. Deshalb wurde eine bis ins Detail ausgefeilte Bürokratie geschaffen, die gewährleistete, daß der Gedanke des Massenmordes in die Tat umgesetzt werden konnte. Auf der Grundlage von Gesetzen und Verordnungen, sprich unter geltendem Recht, konnten den Juden zunächst Menschenwürde und Vermögen, später sogar das letzte, was ihnen noch geblieben war, das Leben, genommen werden. Weil die Verantwortlichen vom Sinn ihres Tuns überzeugt waren, zeigten sie nach dem Zusammenbruch der Nazi-Herrschaft auch kaum Reue oder Einsicht in das Verbrecherische des Völkermords.

IV. Der Völkermord an den Sinti und Roma

Während die Juden in Deutschland vor der Nazi-Diktatur durch ihre Assimilation mehr oder weniger integriert waren, hatten die Sinti und Roma stets eine Außenseiterrolle gespielt. Die »Zigeuner« galten als Kriminelle, die man nicht haben wollte. Zahlreiche Verordnungen und Gesetze regelten schon vor 1933 die Ausgrenzung der unerwünschten Volksgruppe. 1899 wurde in München die »Zentrale zur Bekämpfung des Zigeuner-Unwesens« gegründet, die akribisch Daten, Bilder und Fingerabdrücke von Tausenden von Sinti und Roma sammelte. 1926 stellte sie ihre Arbeit ein, dafür trat das »Gesetz zur Bekämpfung von Zigeunern, Landfahrern und Arbeitsscheuen« in Kraft, das eine weitreichende Verfolgung des fahrenden Volkes ermöglichte. Dieses Gesetz bildete die Basis für die Ausrottungspolitik der Nazis.

Jedoch stellten die fahrenden Familien nur einen Teil der in Deutschland lebenden Volksgruppe dar. Schon vor 1933 lebten viele Sinti und Roma an festen Wohnorten und übten dort ihre Berufe aus. Ebenso wie andere Staatsbürger dienten sie in der kaiserlichen Armee und später in der Wehrmacht.

Nach der Machtübernahme durch die Nationalsozialisten verschlechterten sich die Bedingungen für die Sinti und Roma zusehends. Zunächst waren nur vergleichsweise kleine Benachteiligungen zu beklagen, wie die drastische Erhöhung der Mieten für Sinti- und Roma-Familien oder die Verwehrung von Lagerplätzen. Mit der Einführung der Nürnberger Gesetze 1935 änderte sich die Lage jedoch drastisch. Die Sinti und Roma wurden zu Bürgern mit verminderten Rechten, weil man sie, in der Sprache der Machthaber, den »minderwertigen Rassen« zurechnete.

Im folgenden Jahr wurden die ersten Sinti und Roma, in der Regel alleinstehende Männer, in das KZ Dachau eingeliefert. Gleichzeitig wurden Sinti und Roma im »Zigeunerlager« Berlin-Marzahn festgehalten und immer häufiger zur »vorbeugenden Verbrechensbekämpfung« in die verschiedenen KZs eingewiesen.

Am 1. Juni 1938 trat der sogenannte Asozialen-Erlaß Heydrichs in Kraft, wonach männliche, arbeitsfähige Personen in »Vorbeugehaft« zu nehmen waren – darunter fielen unter anderem Bettler, Landstreicher, vorbestrafte Juden, Zuhälter und eben auch Sinti und Roma. Sie mußten im Rahmen des Vierjahreswirtschaftsplans Projekte durchführen, die den Machthabern besonders am Herzen lagen wie etwa der Straßenbau. Zu diesem Zweck setzte man vor allem Sinti und Roma als Zwangsarbeiter ein.

Auf Veranlassung Himmlers wurden »rassenbiologische« Forschungen betrieben, die die Sinti und Roma in verschiedene Kategorien einteilten: in »Zigeuner« und »Zigeunermischlinge«. Diese Einteilung diente dazu, die Unerwünschten auszusondern und zu töten, ein Vorgang, den man in der Sprache der Nationalsozialisten als »Regelung der Zigeunerfrage aus dem Wesen dieser Rasse heraus« bezeichnete.

Am 17. Oktober 1939 folgte der sogenannte Festschreibungserlaß, der bestimmte, daß Sinti und Roma eine festen Wohnsitz aufzusuchen hatten, den sie nicht mehr verlassen durften. Dem vorausgegangen war das Verbot des Umherziehens im Grenzgebiet des Deutschen Reichs vom September desselben Jahres. Beide Erlasse dienten dazu, eine Grundlage für die Zählung und Einteilung der Sinti und Roma in verschiedene Kategorien zu schaffen, die wiederum für ihre Deportation nach Polen Voraussetzung waren.

Im September 1939 fand eine Konferenz Heydrichs mit hochrangigen SS-Führern statt. Auf dieser Zusammenkunft wurde die Abschiebung von 30.000 Sinti und Roma in die »neuen Ostgaue« beschlossen. Die Deportation in die Ostgebiete erfolgte familienweise ab Mai 1940. Vorher hatte man die Sinti und Roma in Sammellagern festgehalten, um von dort aus die Transporte zusammenzustellen. In den besetzten Ostgebieten sollte die Arbeitskraft der Deportierten herangezogen, gleichzeitig aber deren »Reproduktion prinzipiell unmöglich« gemacht werden. Dies hieß im Klartext Vernichtung durch Arbeit und Zwangssterilisation, die teilweise noch vor dem Transport in die Vernichtungslager durchgeführt wurde.

Ohne Unterschied zwang man Kinder und Alte, Kranke und Gesunde, Frauen und Männer in den verschiedenen Lagern in Polen gleichermaßen zu schwerster Arbeit – bis zu 14 Stunden täglich. Sie wurden in den Steinbrüchen der SS und in Anlagen zum Verteidigungs- oder Rüstungsbau eingesetzt. Zum Teil mußten sie auch in Rüstungsfabriken unter unmenschlichen Bedingungen arbeiten.

Am 16. Dezember 1942 befahl Himmler, die Sinti und Roma familienweise in das KZ Auschwitz einzuweisen. Die Deportation wurde geheimgehalten. Die Familien mußten ihr Eigentum zurücklassen, Ausweise und andere Dokumente abgeben. In Auschwitz hatte man ein besonderes Areal für sie vorgesehen, das sogenannte Zigeunerlager. Hier waren sie unvollstellbaren Qualen ausgesetzt. Vor allem Kinder wurden zahlreich als Versuchspersonen dem Lagerarzt Josef Mengele zugewiesen. Darüber hinaus stellten die Nazis Hunderte von ihnen Ärzten in anderen Lagern für Menschenversuche zur Verfügung. In der Zeit von März 1943 bis zur »Auflösung« des »Zigeunerlagers« im August 1944, als in einer Nacht alle dort befindlichen Sinti und Roma ermordet wurden, mußten sie in den verschiedenen Industriebetrieben unter unvorstellbaren Bedingungen arbei-

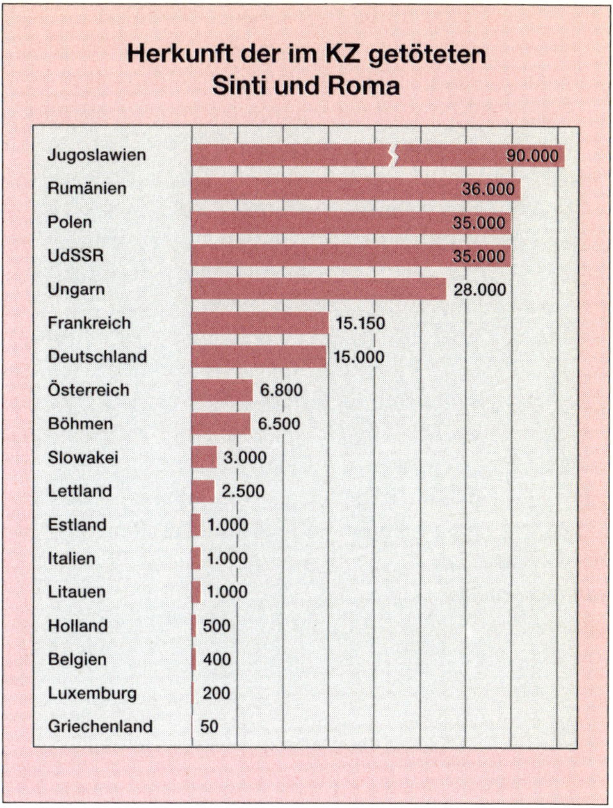

ten. Waren die Menschen von ihrem Einsatz erschöpft und entkräftet, wurden sie ins Hauptlager zurückgeführt und dort vergast. In den Konzentrationslagern Dora-Mittelbau und Buchenwald zwang man die Sinti und Roma zur Arbeit im Jäger- und V-Waffenprogramm.

Nicht nur die deutschen Sinti und Roma fielen den Nationalsozialisten zum Opfer. Mit Fortschreiten des Kriegs verhaftete man auch die Sippen, die in Polen, Ungarn und den besetzten Gebieten Rußlands beheimatet waren. Bereits wenige Wochen nach den Massenmorden vom Januar 1944 trafen neue Angehörige dieser Volksgruppe in Auschwitz ein. Diesmal führte man eine »Selektion« durch: Die arbeitsfähigen Personen wurden in andere Lager weitertransportiert, die restlichen direkt in die Gaskammern geschickt. 490 Frauen kamen auf diese Weise in das KZ Ravensbrück. Dort unterwarf man viele der Zwangssterilisation, unter ihnen Mädchen im Alter von acht Jahren. Ab Frühjahr 1942 wurden die Frauen der Sinti und Roma hauptsächlich als Zwangsarbeiterinnen in den Rüstungsbetrieben eingesetzt.

Über 200.000 Sinti und Roma fanden in der nationalsozialistischen Vernichtungsmaschinerie den Tod. Im Gegensatz zu anderen Opfern des Naziregimes erhielten sie aber nach dem Krieg kaum eine Hilfe oder Entschädigung. Das Vorurteil, »Zigeuner« seien asozial und kriminell, hat sich bis in die Gegenwart gehalten. Die deutschen Behörden lehnten Anträge auf Entschädigung mit der Begründung ab, die als Kriminelle und Asoziale Verhafteten hätten sich ihre Verfolgung selbst zuzuschreiben. Dabei wurden zur Beurteilung der Entschädigungsanträge Unterlagen aus der Zeit des NS-Regimes verwendet!

Auch Ansprüche gegenüber den Rechtsnachfolgern der Firmen, in denen die Sinti und Roma Zwangsarbeit leisten mußten, wurden abgelehnt. In den fünfziger und sechziger Jahren leisteten diese Firmen Entschädigungszahlungen für ehemalige jüdische Zwangsarbeiter an die Jewish Claims Conference. Für die Sinti und Roma wiesen sie entsprechende Zahlungsforderungen oft mit der Begründung zurück, daß ja bereits Gelder an die genannte jüdische Einrichtung geflossen seien.

Erst die Gründung des Zentralrats der Sinti und Roma im Februar 1982 und dessen Öffentlichkeitsarbeit lenkte den Blick auf das Unrecht, das den Sinti und Roma unter der Gewaltherrschaft des Dritten Reichs widerfahren ist.

V. Auseinandersetzung mit dem Holocaust – der Prozeß der Erinnerung

Bis heute beschäftigt sich die Öffentlichkeit mit der Wiedergutmachung an den Überlebenden des Holocaust. Noch im August 1997 wurde von seiten des amerikanischen Senats ein Brief an die Bundesregierung geschickt mit der Bitte um Aufklärung, warum in der Bundesrepublik ehemalige Angehörige der Waffen-SS Rente beziehen, während Menschen, die in Konzentrationslagern gefangen waren, keinerlei Wiedergutmachung bekommen. Dabei wird der Fall eines ehemals rumänischen Juden erzählt, der »zu kurz« inhaftiert war, nämlich nur ein halbes Jahr, um das Anrecht auf eine Wiedergutmachungszahlung zu haben.

1. »Wiedergutmachung«

Bereits 1943 bestand bei den Alliierten weitgehende Einigkeit darüber, daß die Hauptverantwortlichen für den Zweiten Weltkrieg bestraft werden sollten. Lediglich über die Art und Weise, ob durch sofortige Erschießung oder Gerichtsprozesse, war man sich anfänglich noch uneins. Am 2. August 1945, im Potsdamer Abkommen, kündigten die Amerikaner, Engländer und Russen dann aber an, daß die Kriegsverbrecher einem ordentlichen Gericht übergeben werden sollten. Am 20. November 1945, nach langwierigen Vorbereitungen, wurden die Verhandlungen des Internationalen Gerichtshofs in Nürnberg aufgenommen. Im Vorfeld hatte man überlegt, ob die Greueltaten, die an den Juden verübt worden waren, unter dem Anklagepunkt eines »Verbechens gegen die Menschlichkeit« abgeurteilt werden könnten, jedoch geriet dieser Vorschlag im Laufe des Prozesses aus juristischen Gründen zur reinen Makulatur. Hermann Göring war der Hauptangeklagte, neben ihm saßen noch zahlreiche Personen aus Partei und Wirtschaft des Dritten Reichs auf der Anklagebank. Alle, auch die hohen Funktionsträger innerhalb der Partei, plädierten auf »nicht schuldig«. Die Begründung lautete in den meisten Fällen, man habe nichts gewußt oder nur auf Befehl gehandelt. Dieser Prozeß endete am 1. Oktober 1946 mit 25 Todesurteilen, 97 Haftstrafen und 35 Freisprüchen. Kurz darauf begannen Verfahren, die diese Urteile abschwächten.

Zwischen 1946 und 1949 führten die Amerikaner in Nürnberg zwölf weitere Prozesse gegen Industrielle, Diplomaten, Ärzte, Angehörige der Wehrmacht und höhere SS-Funktionäre. In der britischen, französischen und russischen Zone wurden ebenfalls Verfahren gegen Wirtschaftsführer und Militärs eingeleitet, jedoch fielen die Urteile relativ milde aus. Auch normale deutsche Gerichte wurden zu Beginn der fünfziger Jahre ermächtigt, Kriegsverbrecherprozesse zu führen. Das Strafmaß in diesen Prozessen wurde sehr niedrig angesetzt. So erhielt der für die Herstellung des Giftes Zyklon B Verantwortliche lediglich fünf Jahre Gefängnis.

Der im Rückblick spektakulärste Prozeß war wohl die Gerichtsverhandlung gegen Adolf Eichmann in Jerusalem 1961, aus dessen Aussagen man heute zahlreiche Einzelheiten über die Abwicklung des genau durchstrukturierten Massenmordes an den Juden weiß.

1958 wurde in Ludwigsburg eine Zentralstelle zur Ermittlung von Personen eingerichtet, die im Verdacht standen, NS-Verbrechen begangen zu haben, wobei man auch hier eine Verjährungsfrist anrechnete. Darüber hinaus arbeitete und arbeitet Simon Wiesenthal in Wien daran, Mitglieder des NS-Regimes zu finden, die an dem Massenmord beteiligt waren. Bis heute ist die Suche nicht abgeschlossen, und immer wieder werden Leute aufgespürt, die sich in der Zeit der Nazi-Diktatur am Tod anderer schuldig gemacht haben. Jüngstes Beispiel dafür ist der Prozeß gegen Erich Priebke, der mehrere hundert Menschen ermorden ließ, die in Höhlen in der Nähe von Rom Zuflucht gesucht hatten.

Vielen ehemaligen Angehörigen von NS-Organisationen gelang der Übergang von der Diktatur zur Demokratie jedoch problemlos. Richter, Rechtsanwälte, Journalisten und Beamte – um nur einige Berufsgruppen zu nennen – dienten dem einen wie dem anderen Staat, ohne sich je für ihre Rolle im Dritten Reich verantworten zu müssen.

Die Überlebenden des Holocaust forderten nach dem Krieg von Deutschland die Rückerstattung des gesamten geraubten jüdischen Vermögens, eine Entschädigung für die erlittenen Strapazen während ihrer Haftzeit und Wiedergutmachungszahlungen, die die Eingliederung von sogenannten »Displaced Persons« ermöglichen sollten. Die Rückerstattung stellte sich als sehr schwierig dar, da viele Dinge gar nicht zurückgegeben werden konnten. So war es nicht möglich, einen verlorenen Arbeitsplatz oder ein bereits aufgelöstes, ehemalig jüdisches Unternehmen zurückzuerstatten. Ferner konnten Besitzungen, die in mittlerweile kommunistischen Ostgebieten lagen und die bereits verstaatlicht waren, nicht wieder eingefordert werden.

Am 19. September 1953 wurde das Bundesentschädigungsgesetz verabschiedet, das allerdings nicht alle überlebenden Opfer betraf und für diejenigen, die es erfaßte, keine vollständige Entschädigung vorsah. Aber auch die Anspruchsberechtigten stießen auf starke Einschränkung – so sah das Gesetz zum Beispiel keinerlei Entschädigung für Zwangsarbeit vor.

Bereits 1951 war der neue Staat Israel an Deutschland herangetreten, um Reparationszahlungen für die Eingliederung von Überlebenden des Holocaust einzufordern. Die Forderung von 4,3 Milliarden DM wurde jedoch von der deutschen Regierung auf drei Milliarden DM zurückgeschraubt, und auch diese Summe konnte nicht garantiert werden. Schließlich einigte man sich auf den Betrag von 715 Millionen DM, die in den Jahren 1953 und 1956 an Israel gezahlt wurden.

Die Wiedergutmachung erlittenen Leids und Unrechts erfolgte in keiner Weise umfassend. Bis heute müssen Überlebende des Holocaust um ihre Rechte kämpfen.

Dagegen wurde und wird den Ermordeten ein umfangreiches Gedenken zuteil, das Jahr für Jahr mit neuen Gebäuden und Mahnmalen erweitert wird. Jüngstes Beispiel ist das als Stadtmuseum in Berlin erstandene Gebäude des Architekten Daniel Libeskind, das in seiner Konzeption als Denkmal des Holocaust fungiert. Zahlreiche junge Leute möchten über die Beschäftigung mit der schwierigen Vergangenheit hinaus einen Beitrag zu Frieden und Völkerverständigung leisten. So fanden sich schon kurz nach dem Krieg Gruppen zusammen, die stellvertretend für ein ganzes Volk die Verbrechen gegen die Menschlichkeit sühnen wollten. Eine solche Gruppe ist die Aktion Sühnezeichen Friedensdienste, die ihre Arbeit 1959 aufnahm. Anfangs leisteten sie Mithilfe bei Aufbauarbeiten in den besetzten und zerstörten Ländern Europas, später begannen sie, auch alte und bedürftige Menschen zu betreuen. Heute helfen die freiwillig arbeitenden Jugendlichen mit, die KZs als Gedenkstätten zu erhalten, oder leisten Sühne für ihre Vorfahren, etwa indem sie die Schuhe der Ermordeten in Auschwitz putzen.

2. Holocaust-Denkmäler

Die Erinnerung an den Holocaust ist schwierig. Wie soll man ein Mal des Andenkens – sei es bildlich, schriftlich oder auch filmisch – anläßlich einer Zeitspanne entwerfen und errichten, die an die schrecklichsten Möglichkeiten des Handelns von Menschen an Menschen gemahnt? Menschliches Erinnerungsvermögen ist trügerisch. Schnell werden unangenehme und bedrohliche Ereignisse verdrängt oder gar zu beschönigen versucht. Doch die Erinnerung auch an unangenehme Ereignisse gehört zur Identität des einzelnen wie der Gesellschaft. In diesem Sinne muß der Holocaust als ein Teil der erinnerungswürdigen Vergangenheit begriffen und akzeptiert werden. Holocaust-Denkmäler sind der sichtbare künstlerische Ausdruck dafür, daß die Erinnerung an die Opfer lebendig bleibt. Man muß sie in diesem Zusammenhang auch als Mahnmäler begreifen.

Das jüngste umfangreichere Projekt stellt derzeit die vom amerikanischen Filmregisseur Steven Spielberg initiierte Sammlung von Zeitzeugnissen auf CD-ROM dar, die mittlerweile zu beachtlicher internationaler Größe angewachsen ist. Förmlich in letzter Minute versuchen seine Mitarbeiter, die inzwischen alt gewordenen Überlebenden zu interviewen, um ihre Lebensgeschichte vor dem Vergessen zu bewahren.

Nicht das Vergessen, sondern die Allgegenwärtigkeit, ja, geradezu ein Übermaß an Holocaust-Symbolik war und ist im Grunde das Problem des Holocaust-Bewußtseins in den achtziger und neunziger Jahren. Denn es besteht die Gefahr, daß ein Zuviel an Erinnerung das historische Geschehen trivialisiert und zum Objekt von Unterhaltung macht. Das Unterhaltungsbedürfnis jedoch führt dazu, daß vor allem Ereignisse ausgewählt werden, die besonders spektakulär waren. Gerade die jungen Generationen, die mit dem Fernsehen aufwachsen sind, lassen sich vermutlich leichter über dieses Medium ansprechen als über schwerer zugängliche Kunst- oder Kulturgegenstände. Doch besteht bei Verfilmungen durch die Nähe und teilweise auch Verarbeitung von Fiktion stets die Gefahr, daß ihnen ein Stück Unwirklichkeit anhaftet, die beim Zuseher auch Distanz schafft. Man muß diesen Darstellungen aber unbedingt zugute halten, daß sie einer Vergeßlichkeit entgegenwirken, die sich in der immer wieder gehörten Forderung ausdrückt, die Vergangenheit doch endlich ruhen zu lassen.

In Deutschland, dem Land der Täter, geht man anders mit der Erinnerung an den Holocaust um als in den Ländern der Opfer oder der Alliierten. Aufrichtige Trauer aber auch Angst, das Geschehene zu nah an sich herankommen zu lassen, paaren sich in Deutschland. Für Israel war der Holocaust ausschlaggebend für die Staatsgründung. Von diesem Zeitpunkt an wollten die Juden die ewige Opferrolle hinter sich lassen und sich als eine Nation begreifen. Die Vereinigten Staaten sehen sich am liebsten als rettenden Zufluchtsort für Verfolgte und pflegen das Bild ihrer Soldaten als Befreier der Konzentrationslager. Die sowjetischen Länder gedenken der Ereignisse noch immer in sozialistischer Manier: Der Völkermord an den Juden verblaßt dabei neben der Verfolgung des internationalen Kommunismus.

Die Entstehung von Holocaust-Denkmälern scheint noch nicht abgeschlossen zu sein. In Amerika und Israel, aber auch in Deutschland und anderen europäischen Ländern werden immer noch neue Gedenkstätten errichtet. Sie leben von ihrer Vielgestaltigkeit und Lebendigkeit. Im folgenden sollen einige von ihnen exemplarisch aufgeführt werden. Die ersten Holocaust-Denkmäler waren die Konzentrationslager selbst. Hier ist vor allem Auschwitz zu erwähnen, das als Symbol schlechthin für das unerklärbare und unbeschreibbare Grauen steht. 1947 wurde Auschwitz mit seinem Außenlager Birkenau vom polnischen Parlament zum Mahnmal für die Leiden des polnischen Volkes und anderer Völker bestimmt. Auschwitz ist als Denkmal mehrschichtig. Zunächst steht der Name allein für den Völkermord an den Juden. Dann ist das Lager selbst beziehungsweise seine Überreste ein Denkmal. Und hier zeigt sich bereits, welche Schwierigkeiten die Einrichtung von Erinnerungsstätten beinhaltet: Ist es richtig, die Baracken und Wachttürme sowie die berühmte Selektionsrampe mühevoll zu erhalten und zu restaurieren? Kann man mit dieser Art »Filmkulisse« den nachfolgenden Generationen, die die Zeit nicht erlebt haben, zeigen, »wie es wirklich war«? Ohnehin existieren die Krematorien nur noch als Ruinen und legen Zeugnis ab von dem Versuch der Nationalsozialisten, die Geschehnisse zu vertuschen. Auch die Ausstellung der Berge von Brillen, Schuhen, Zahnbürsten, Koffern und Haaren läßt sich in Frage stellen. Denn hier wird der Opfer vielleicht doch nur so gedacht, wie die Nationalsozialisten wollten, daß sie vor den nachfolgenden Generationen erscheinen: nämlich reduziert auf wenige Gegenstände und damit als Personen für immer ausgelöscht.

Ende der fünfziger / Anfang der sechziger Jahre wurde – allerdings ohne ein greifbares Ergebnis – ein Wettbewerb für ein Denkmal in Auschwitz ausgeschrieben. Heute befinden sich viele Gedenkstätten auf dem Gelände des ehemaligen Konzentrationslagers. Vom Denkmal für die Opfer des Faschismus bis zum stilisierten roten Dreieck für die politischen Häftlinge, vom Denkmal für die Häftlinge, die nach der Befreiung starben bis zum Denkmal zum 21. Jahrestag der Befreiung des Lagers drängt sich alles auf relativ kleinem Raum. Auschwitz ist heute ein Ort des Massentourismus mit Café und Touristeninformation, Parkplatz, Hotel und Restaurants. Neben Auschwitz fungieren auch die meisten anderen großen Lager als Gedenkstätten, etwa Dachau, Lublin-Majdanek, Sachsenhausen, Buchenwald oder Bergen-Belsen. In Dachau wurde eine Jugendbegegnungsstätte eingerichtet, die die nachwachsenden Generationen in systematischer pädagogischer Arbeit an das Thema Holocaust heranführt.

In der DDR waren die KZs wichtige Museen, die durch die Regierung zur Weihestätte des »Antifaschismus« gemacht wurden. Die Gedenkstätten galten nur den als kommunistische Widerstandskämpfer gerühmten politischen Opfern der nationalsozialistischen Gewaltherrschaft. Juden, religiös Andersdenkende oder Menschen, die nicht ins Bild der Nationalsozialisten paßten oder »unerwünscht« waren, fielen damit für die sozialistischen Machthaber weg. Heute trifft man gerade im Osten Deutschlands vielfach auf Menschen, denen die als Doktrin verordnete Beschäftigung mit der Geschichte des »Faschismus« ein wahrhaftiges Gedenken an die Zeit der Gewaltherrschaft unmöglich macht. Häufig hört man sogar Zweifel daran, ob der Holocaust nicht vielleicht nur eine Legende sei. Ebenso sind die KZs Sachsenhausen und das ehemalige Frauenlager Ravensbrück von der »neuen Vergeßlichkeit« betroffen. Praktisch direkt auf dem Gelände des KZs in Ravensbrück wurde die Erlaubnis zur Errichtung eines Einkaufzentrums gegeben.

Neben den Konzentrationslagern entstanden viele weitere Gedenkstätten und Denkmäler in den verschiedenen Ländern Europas, in Israel und den USA. Als Beispiel für Gedenkkunstwerke in Deutschland und Österreich sollen zwei Projekte kurz beschrieben werden. In Hamburg entstand zu Beginn der achtziger Jahre ein Projekt der »New Media«-Künstler Esther Shalev-Gerz und Jochen Gerz. Unter dem Namen »Ein Mahnmal versinkt« errichteten sie einen zwölf Meter hohen Kubus aus Blei, in dessen Oberfläche Passanten ihre Namen eingravieren sollten. Mit ihren Namen verpflichteten sie sich symbolisch, wachsam zu sein gegen staatliches Unrecht und Faschismus. Stand ein Teil des Kubus vollgeschrieben, so wurde er ein Stück in die Erde versenkt, bis er 1993 ganz verschwunden war.

In Graz wurden 50 Jahre nach dem Einmarsch deutscher Truppen in Österreich unter dem Motto »Bezugspunkte« Künstler aus verschiedenen Ländern aufgefordert, sich mit Geschichte, Gesellschaft und Politik auseinanderzusetzen. Der Künstler Hans Haacke verwendete dazu ein Zitat der Nazis, die die Mariensäule in Graz 1938 verhüllt hatten und sich mit dem Wahlspruch »Und ihr habt doch gesiegt« selbst feierten. Haacke übernahm die Symbolik und die Inschrift und verfremdete sie durch die Aufzählung der Opfer des Nationalsozialismus in der Steiermark. Seine Installation war nicht unumstritten. Kurz vor Ausstellungsende wurde das Mahnmal wie die darunter befindliche Mariensäule durch eine Brandbombe erheblich beschädigt.

Ein weiteres wichtiges Denkmal erinnert an den Aufstand im Warschauer Ghetto im April und Mai 1943. Es wurde 1947 vom polnisch-jüdischen Künstler Nathan Rapoport geschaffen und steht in der Tradition der stalinistischen Heldenikonographie. Die Darstellung zeigt die Helden des Widerstandes auf ihrem Weg ins Exil. Das Denkmal, zum 5. Jahrestag des Aufstandes 1948 in den Trümmern des Ghettos feierlich enthüllt, war bald schon in seiner Aussage umstritten. Heute ist es zum Treffpunkt verschiedener Gruppen geworden. Nicht nur die Juden, sondern auch die polnischen Kriegsveteranen sehen sich in den Figuren dargestellt. In den frühen achtziger Jahren trafen sich hier die Dissidenten, und für Präsidenten und Staatsoberhäupter ist der Besuch der Gedenkstätte Pflicht, wenn sie sich in Warschau aufhalten.

Ferner muß das Anne-Frank-Haus in Amsterdam, seit 1960 öffentliche Gedenkstätte, erwähnt werden. Anne Frank und ihre Familie erinnert die Niederländer an ein schwieriges Kapitel ihrer jüngeren Geschichte. Einerseits wurde der Familie Zuflucht gewährt, andererseits aber ging auch der Verrat und die Ermordung der Franks von Niederländern aus. Vor allem Jugendliche pilgern zu dieser Gedenkstätte, da das Tagebuch einer Altersgenossin ihnen Zugang zum Thema Holocaust bietet, ohne sie mit den schrecklichen Ereignissen in den Vernichtungslagern direkt zu konfrontieren.

In Israel wird in besonderer Weise des Holocaust, der hier »Shoah« heißt, gedacht. In der Symbolik für die Nation Israel sieht man die Shoa bei aller Schrecklichkeit auch als Auslöser für die Gründung des neuen jüdischen Staates. Sowohl die Gedenkstätte im Kibbuz Yad Mordechai als auch das Museum Yad Vashem zeigen durch ihre Raumanordnung einen Gang der Geschichte durch die Finsternis der Verfolgung ins Licht der eigenen Nation. Katastrophe und Erlösung scheinen untrennbar miteinander verknüpft. Am 12. April 1951 wurde ein neuer Feiertag zum Gedenken an den Holocaust eingeführt, der Jom Ha-Shoa. Beim Ertönen einer Sirene bleiben alle Menschen stehen und verharren zwei Minuten in Schweigen.

Als die sterblichen Überreste der im KZ Flossenbürg ermordeten Juden 1949 nach Israel überführt wurden, bestimmten die obersten Rabbiner ihre Beisetzung auf dem Berg Zion, dem Ort, an dem nach religiöser Tradition der Vorfahre des Messias, König David, begraben liegt. Dort hat auch der Begründer der zionistischen Bewegung in Europa, Theodor Herzl, seine Grabstätte. Der Ort, im Gedenken des jüdischen Volkes ein Symbol für Zerstörung und Wiederauferstehung, wurde zur nationalen Gedenkstätte Israels.

Im August 1953 weihte man das berühmte Museum Yad Vashem für die Märtyrer und Helden ein. Es ist in verschiedene Räume gegliedert. In der »Halle der Erinnerung«, die der Vernichtung zwischen 1941 und 1945 gewidmet ist, brennt eine Ewige Flamme. Auf dem Boden sind in lateinischen und hebräischen Buchstaben die Namen der Konzentrationslager eingraviert. Die schwierige und konfliktreiche Auseinandersetzung mit der Shoa ist in Israel längst nicht abgeschlossen.

Auch in den USA sind zahlreiche Museen eingerichtet und Kunstwerke zum Thema gestaltet worden. Allerdings hat sich ein Holocaust-Bewußtsein erst in den sechziger Jahren deutlich herauskristallisiert. Inzwischen ist eine Flut von Veröffentlichungen verschiedenster Art erschienen, jede größere amerikanische Stadt besitzt ein Holocaust-Denkmal, und viele Künstler setzen sich mit dem Thema auseinander. Hier zeigt sich deutlich der immense Anteil der Juden am Kulturleben in den USA.

Unmittelbar nach dem Krieg begannen die amerikanischen Juden, sich mit viel Engagement um die Überlebenden des Holocaust zu kümmern und ihnen eine sichere Bleibe – in Israel oder in den USA – zu verschaffen. Sie setzten sich wohl auch deswegen nicht mit dem Holocaust als solchem auseinander, als sie zwar von der antisemitischen Haltung der nationalsozialistischen Machthaber gewußt, von der Massentötung der Juden jedoch erst gegen Ende des Kriegs erfahren hatten. Den Überlebenden legte man die Strategie nahe, die Vergangenheit zu vergessen und sich ein neues Leben aufzubauen.

Erst in der Zeit vor dem Sechstagekrieg 1967 erwachte ein neues Bewußtsein bei den Juden in den Vereinigten Staaten, denn sie fürchteten, ein zweiter Holocaust durch die Araber stünde unmittelbar bevor. Nun kämpften sie für die Unterstützung der Juden in Israel und bedienten sich hier gezielt der Holocaust-Rhetorik. Als Ende der siebziger Jahre die umstrittene Fernsehserie »Holocaust« im Stil einer Seifenoper ein Millionenpublikum zu Tränen rührte, war das Thema Holocaust zum Allgemeingut in den Köpfen der Amerikaner geworden. Viele Millionen Dollar wurden in den folgenden Jahren gesammelt, um so zentrale Museen wie etwa das United States Holocaust Memorial Museum in Washington, das Museum of Jewish Heritage in New York oder das Simon Wiesenthal Center's Beith Hashoah-Museum of Tolerance in Los Angeles zu finanzieren. Die Realisierung dieser Museumsprojekte fand jedoch erst in den letzten Jahren statt. Das Washingtoner Museum mit seinem berühmten Tower of Faces wurde 1993 von Vertretern der amerikanischen Regierung, darunter Präsident Bill Clinton, eingeweiht.

Als besonders eindrucksvolles Einzelkunstwerk ist das Denkmal von George Segal in San Francisco zu erwähnen. Der Künstler ist selbst jüdischer Abstammung und insofern persönlich vom Grauen der Konzentrationslager betroffen, als alle Angehörigen seiner Mutter und seines Vaters, die in Europa zurückgeblieben waren, durch die Hand der Nazi-Schergen umgekommen sind. Sein Denkmal wurde 1984 im Lincoln Park aufgestellt. Man sieht eine Gruppe von Toten, die wie planlos übereinandergefallen sind. Vor ihnen steht eine männliche Figur, die, ihnen den Rücken zukehrend, sich an einem Stacheldrahtzaun festhält. Für die Leichen saßen dem Künstler Freunde Modell.

Der Holocaust ist eine wichtige Größe im Selbstverständnis der amerikanischen Juden geworden und prägt ihr Gefühl der Verbundenheit mit Israel. Der Zusammenhang zwischen dem Holocaust und der Gründung des Staates Israel wird sorglich gepflegt.

Das Bedürfnis, des Holocaust zu gedenken, wird noch lange bestehen. Die Auseinandersetzung mit dieser Zeit des Grauens ist nach wie vor notwendig, gerade wenn man bedenkt, daß die Stimmen immer lauter werden, die fordern, endlich einen Schlußstrich unter das Gewesene zu ziehen.

3. Erinnerungen von Überlebenden

Das Bild des Holocaust wird nicht nur durch Historiker, sondern auch durch Schriftsteller und Filmemacher geprägt. In jüngster Zeit sind eine Reihe von Erfahrungsberichten über die Zeit in den KZs erschienen. Erst jetzt, mehr als 50 Jahre nach den Ereignissen, sind viele Überlebende in der Lage, ihre Geschichte der Öffentlichkeit zugänglich zu machen. Diese Bücher bestimmen das Bild der damaligen Zeit in den Köpfen der nachfolgenden Generation. Die Lebenserinnerungen von Ruth Klüger mit dem Titel »weiterleben« wurde mit etlichen Preisen gerade in Deutschland ausgezeichnet. Hier wie in anderen Büchern zeigt sich die Schwierigkeit vieler Überlebender des Holocaust, ihr Schicksal zu verarbeiten: Sie fragen sich, wie sie entrinnen konnten, wo so viele andere – darunter zumeist auch Angehörige – den Nazis zum Opfer fielen. Auch ist es für die Überlebenden furchtbar, nicht zu wissen, wo und wie ihre Verwandten umgekommen sind. Ruth Klüger thematisiert immer wieder die Trauer darüber, daß niemand den Toten Kaddish singen kann, die jüdische Totenklage.

Auch viele Jahre nach dem Ende der schrecklichen Erlebnisse in den Konzentrationslagern leiden die Überlebenden unter den Spätfolgen der Haftzeit. Erkrankungen von Herz und Kreislauf oder der Atmungsorgane, tiefe Depressionen, Konzentrationsschwierigkeiten oder Schlafstörungen begleiten die Überlebenden in mehr oder weniger deutlicher Ausprägung oft ihr Leben lang. Besonders betroffen sind die Überlebenden, die den Tod ihrer gesamten Familie beklagen müssen. An ihnen zeigt sich häufig das sogenannte Survivor Syndrom: Sie fühlen sich schuldig, weil sie als einzige überlebt haben, während andere, vielleicht würdigere Menschen den Tod fanden. Diese Schuldgefühle können bis zum Selbstmord führen – auch noch nach vielen Jahren, wie es die Geschichte des italienischen Chemikers und Schriftstellers Primo Levi zeigt, der Auschwitz überlebte.

4. Bildliche Darstellung

Filmische und photographische Darstellung prägt ebenfalls das Bild der Nachgeborenen von der NS-Zeit. Da die Nazis Bildmaterial zu Propagandazwecken in großer

Fülle herstellten, kann praktisch jede Arbeit über diese Zeit, sei es eine Fernsehsendung oder eine Gedenkausstellung, mit einschlägigem Bildmaterial bestückt werden. Die Gefahr bei der Verwendung zeitgenössischer Aufnahmen liegt darin, daß sie bei unkommentierter Präsentation noch heute die nationalsozialistische Propagandawirkung besitzen.

Der Film von Joachim Fest »Hitler- eine Karriere« ist solch ein Beispiel. Er will die Faszination der Deutschen für Hitler veranschaulichen und bedient sich dabei der Propagandafilme des Dritten Reichs. Der Film wird aus Hitlers Perspektive kommentiert. Menschenrechtsverletzung in der deutschen Diktatur, Vernichtung der Juden, Kriegsverbrechen oder die Verfolgung Andersdenkender kommen darin nicht vor. Die nationalsozialistische Propaganda wird hier als objektiv dargestellt. Ebenso problematisch ist die 1997 gezeigte Fernsehserie von Guido Knopp mit dem Titel »Hitlers Helfer«. Auch hier entsteht teilweise der Eindruck, der Autor sei der Faszination der Bilder erlegen.

Steven Spielbergs »Schindlers Liste« ist dagegen ein Beispiel für eine sehr einfühlsame und geglückte Verfilmung des Holocaust-Themas. Ebenso wichtig sind heutige Dokumentarfilme, die Interviews mit Zeitzeugen zeigen wie Claude Lanzmans »Shoah« oder der Film von Eberhard Jäckel und Lea Rosh »Der Tod ist ein Meister aus Deutschland«. Alle diese Werke prägen unser kollektives Erinnern.

5. Leugnen des Holocaust

Bei der Beschäftigung mit den Thema Holocaust stößt man auch auf Personen, die die Greueltaten der Nazis leugnen. Dabei reicht das Spektrum der Negierung der Ereignisse von dem immer wieder gehörten Satz »Das haben wir nicht gewußt« bis zur sogenannten *Auschwitz-*

Auschwitzlüge

Als »Auschwitzlüge« bezeichnet man die Behauptung, das KZ Auschwitz sei niemals ein Ort des Massenmordes an Juden und anderen Bevölkerungsgruppen gewesen. Es habe sich dabei nur um ein großes Gefangenenlager gehandelt, wie man sie in allen Kriegen finde. Natürlich sei das Lager kein Erholungsheim gewesen, aber für die Vernichtung Tausender von Menschen würden jegliche Beweise fehlen. Die Existenz der Gaskammern schreiben die Leugner einer raffinierten Propaganda mit dem Ziel zu, die Kriegsschuld der Deutschen zu vergrößern. Dabei hätten sich die Alliierten nicht weniger Verbrechen als die Deutschen zuschulden kommen lassen.
An der Rolle des KZs Auschwitz als Ort des Massenmordes kann jedoch kein Zweifel bestehen. Durch genaueste Dokumentationen sind wir heute gut über die Verbrechen unterrichtet, die dort verübt wurden.

lüge. Die Tabuisierung des Themas Völkermord in Deutschland zog sich im übrigen lange hin. Erst seit etwa zehn Jahren erscheinen immer mehr Publikationen, die sich mit diesem schwierigen Kapitel deutscher Vergangenheit auseinandersetzen.

Die Leugnung des Holocaust steht in der Bundesrepublik seit 1985 unter Strafe. Dennoch gibt es etliche Gruppen, die den Massenmord an den Juden als baren Schwindel darstellen. Seit dem Fall der Mauer hat die rechtsradikale Szene in der alten Bundesrepublik breiteren Zulauf vor allem von jüngeren Leuten bekommen.

Eindrücklichstes Beispiel ist der Film »Beruf Neonazi«, der vor einigen Jahren angeblich als kritische

Dokumentation über die neonazistische Szene gedreht wurde. In Wahrheit jedoch geriet er zum reinen Verlautbarungsorgan führender Neonazis wie Ewald Althans, die darin ihre Thesen unkommentiert ausbreiten durften. Die Diskussion über den Film schlug hohe Wellen, und er wurde nur in Programmkinos gezeigt.

Das Leugnen des Holocaust ist jedoch kein spezifisch deutsches Phänomen. Vielmehr finden sich vor allem in den USA, aber auch in Frankreich, Belgien oder England Anhänger dieses absurden Geschichtsbildes. Prominente Vertreter dieser Richtung sind in Frankreich neben Ernst Zündel der ehemalige Literaturprofessor Robert Faurisson und in Großbritannien der rechtskonservative Historiker David Irving, der eng mit dem rechtsradikalen deutschen Verleger Gerhard Frey zusammenarbeitet.

Die Anfänge der Holocaust-Leugnung liegen in Frankreich. Schon 1947 warf Maurice Bardèche, ein bekannter französischer Faschist, den Alliierten vor, sie betrieben Greuelpropaganda, als sie ihre Dokumentationen über die befreiten Konzentrationslager veröffentlichten. Ging er anfangs noch von Übertreibung aus, so nannte er die Berichte später eine glatte Lüge. Ein weiterer Leugner der ersten Stunde war Paul Rassinier, der als ehemaliger Kommunist und Sozialist selbst in den KZs Buchenwald und Dora eingesessen hatte. Seine Verharmlosung der Lage und seine Zurückweisung der Tatsache, daß Massenmorde stattgefunden hatten, erscheinen daher besonders unverständlich. In dieser Zeit bestritten noch nicht einmal die ersten Gruppen von Neonazis, daß es Greueltaten gegeben hatte, sondern verteidigten im Gegenteil das Vorgehen der nationalsozialistischen Machthaber. Bardèche und Rassinier waren wichtige Lehrmeister für Leute wie Faurisson, aber auch heute für Jean Marie Le Pen, den führenden Kopf der rechtsaußen angesiedelten Front National.

Erst in den siebziger Jahren änderte sich die Argumentationstaktik derjenigen, die den Holocaust leugnen. Da sie erkannt hatten, daß es ihnen nicht gelingen konnte, den nationalsozialistischen Antisemitismus in ein günstiges Licht zu rücken, waren sie nun bemüht, ihre Argumente raffinierter zu gestalten. So führten sie an, daß es sich bei der Einrichtung von Straflagern, deren Existenz sie nicht bestritten, um eine klassische Form der Zwangsmaßnahme gehandelt habe, wie sie in allen Nationen üblich gewesen seien. Dortige Übergriffe auf die Inhaftierten seien allein die Schuld der unteren SS-Ränge gewesen, die sich nicht an Befehle gehalten hätten. Auch die Geständnisse von Tätern wurden »uminterpretiert«. Sie seien unter unmenschlichem Druck der Alliierten zustande gekommen, die auf grausame Weise ihnen genehme Aussagen erzwungen hätten, um Deutschland zum alleinigen Täter im Zweiten Weltkrieg zu stempeln. Als Urheber dieses angeblichen grandiosen Schwindels machten die Holocaust-Leugner nicht selten »die Zionisten« aus. Bis heute hört man immer wieder die abstruse These, daß die Holocaust-Geschichtsschreibung allein von jüdischen Historikern stamme und von daher völlig unglaubwürdig sei!

Es gibt sogar pseudowissenschaftliche Erklärungen, die zu beweisen versuchen, daß es gar nicht möglich gewesen sei, so viele Menschen umzubringen. Die Wirksamkeit des in den Todeskammern eingesetzten Gases Zyklon B wurde angezweifelt und die Existenz der Gaskammern geleugnet. Besonders hervorzuheben ist hier der sogenannte Leuchter-Report, in dem ein angeblicher Technikspezialist für Hinrichtungsanlagen, der Amerikaner Fred A. Leuchter, zu dem Schluß kommt, mit Zyklon B habe man gar keine Menschen umbringen können. Ebenso wurden abenteuerliche statistische Berechnungen angestellt, um zu beweisen, daß es gar nicht so viele Juden gegeben habe, wie umgebracht worden sein sollen.

Aussagen von Überlebenden wurden als Greuelmärchen hingestellt. Die Tagebücher der Anne Frank verunglimpfte man als nach dem Krieg entstandene Fälschung. Die Angriffe der Holocaust-Leugner waren so massiv, daß das niederländische Staatliche Institut für Kriegsdokumentation, dem die Tagebücher nach dem Tod von Anne Franks Vater übergeben worden waren, diese in den achtziger Jahren einer genauen wissenschaftliche Untersuchung hinsichtlich Papier, Tinte, Einband und Schrifttyp unterzog. Die Untersuchung bestätigte die Echtheit der Tagebücher zweifelsfrei. Es ist jedoch bemerkenswert, daß eine Gruppe von Unbelehrbaren es immerhin zustande bringt, daß sich seriöse Institute und Gelehrte verpflichtet fühlen, ihre Argumente zu entkräften.

6. Jüngerer Streit um die Vergangenheit

Im Frühsommer 1986 entbrannte eine heftige Diskussion unter den deutschen Historikern über die Bewertung des Dritten Reichs. Konservativ gesinnte Historiker versuchten, die deutsche Geschichte in ihrem Sinne umzuschreiben. Sie bestritten zwar den Holocaust als solchen nicht, schufen mit ihrer Interpretation aber eine Art Grauzone der Geschichtsdeutung. In ihren Augen kommt den Alliierten eine größere Schuld an den Verbrechen des Kriegs zu als bislang angenommen. Sie wälzen also einen Teil der Kriegsschuld von Nazi-Deutschland auf die Alliierten ab, die angesichts der Berichte über die KZs passiv geblieben waren. Außerdem werde der Holocaust zu Unrecht als einzig in seiner Art beschrieben. Hier vermischt sich konservativ-historische Geschichtsdeutung mit den Thesen von der »Holocaust-Lüge«. Hellmut Diwald versuchte in seiner »Deutschen Geschichte«, den Kriegsaggressor als Opfer darzustellen. Andreas Hillgruber setzte in seinem Buch »Zweierlei Untergang. Die Zerstörung des Deutschen Reichs und das Ende des europäischen Judentums« (1986) den Völkermord an den Juden mit der Vertreibung der Deutschen aus den Ostgebieten gleich. Diese beiden revisionistischen Forschungsbeiträge entfachten eine Diskussion über das Bild Deutschlands nach dem Krieg und über die jüngste Vergangenheit. Prominentester Teilnehmer an dem Disput auf der rechts-konservativen Seite war Ernst Nolte, der bereits 1974 die These vertrat, der Holocaust sei mit anderen Greueln des 20. Jahrhunderts wie etwa der Einrichtung der Gulags in der ehemaligen Sowjetunion oder den Ereignissen in Vietnam vergleichbar. 1980 veröffentlichte er in der Frankfurter Allgemeinen Zeitung eine Rede mit demselben Hintergrund. Ihm trat daraufhin der Frankfurter Philosoph Jürgen Habermas mit einem Artikel in der ZEIT entgegen, wodurch der Disput erstmals eine breitere Bevölkerung erreichte. Habermas folgten etwas verzögert die deutsche Historikerzunft und verschiedene deutsche Tages- und Wochenzeitungen. Als Reaktion darauf traten aber wiederum Verteidiger Noltes auf den Plan.

In jüngster Zeit wurde die Diskussion um den Holocaust durch zwei Ereignisse erneut entfacht. 1996 erschien in deutscher Sprache die umfangreiche Untersuchung des amerikanischen Historikers Daniel Goldhagen, der sich mit der Schuld des einzelnen am Holocaust beschäftigte. Seine These, ganz normale Deutsche aus allen Lebensbereichen seien freiwillig und mit Eifer an der Ermordung der Juden beteiligt gewesen, sorgte für eine teilweise sehr emotional geführte Diskussion in verschiedenen Zeitungen und Zeitschriften, auf Podien und im Fernsehen. Für ihn steht fest, daß der Holocaust von Hunderttausenden von ganz normalen Deutschen durchgeführt wurde und zwar mit stillschweigender Billigung der Gesamtbevölkerung. Er geht davon aus, daß die Massenvernichtung der Juden ein nationales Projekt war, das, einmal geplant, Punkt für Punkt durchgeführt wurde. Dagegen stehen die Auffassungen der Wissenschaftler, die von einer allmählichen Eskalation der Ereignisse ausgehen. Die Fronten in der Diskussion sind inzwischen verhärtet, laufen jedoch jenseits der von allen Seiten als richtig erkannten Fragestellung des Autors, wieviel die Deutschen vom Holocaust wußten und wer an den Mordtaten direkt beteiligt war. Die Angriffe gegen Goldhagen bezogen sich vor allem auf die Schärfe seines Urteils und die mangelnde wissenschaftliche Korrektheit seiner Untersuchung.

Zu Beginn des Jahres 1997 sorgte eine Ausstellung über die Verbrechen der Wehrmacht, die von Jan Philipp Reemtsmas Hamburger Institut für Sozialforschung realisiert wurde, in München für große Aufregung. Aufgebrachte Politiker sprachen davon, daß jetzt alle ehemaligen Soldaten zu Verbrechern gestempelt würden, zahlreiche Leserbriefe von Anhängern und Gegnern erreichten die lokale Presse. Die Ausstellung sollte zeigen, daß die Rolle der Wehrmacht im Dritten Reich durchaus zwiespältig war und daß sie keineswegs völlig losgelöst von der SS agierte. Die hitzige Diskussion zeigt jedoch, wie schwierig das Thema auch heute noch ist, mehr als 50 Jahre nach Kriegsende.

Historiker und Juristen beschäftigen sich seit fast einem halben Jahrhundert mit dem Phänomen des Holocaust. Die Protokolle der Kriegsverbrecherprozesse rufen beim Leser unglaubliches Grauen hervor und führen ihn an die Grenze seines Verständnisses. Ursachen und Ziel der Verbrechen zu erklären wird weiterhin die Aufgabe der Historiker darstellen. Nach wie vor bleibt unbegreiflich, wie es zu solch einem Ausmaß an Morden kommen konnte und wie aus normalen Bürgern Mörder werden konnten. Ob man auf diese Fragen je eine befriedigende Antwort finden wird, erscheint eher unwahrscheinlich.

Weiterführende Literatur

Bastian, Till: Auschwitz und die »Auschwitz-Lüge«. Massenmord und Geschichtsfälschung. München 1994.

Benz, Wolfgang: Herrschaft und Gesellschaft im nationalsozialistischen Staat. Frankfurt/Main 1990.

ders. (Hrsg.): Die Juden in Deutschland 1933–1945. Leben unter nationalsozialistischer Herrschaft. München 1988.

ders.: Der Holocaust. München 1995.

Burrin, Philippe: Hitler und die Deutschen. Die Entscheidung für den Völkermord. Frankfurt/Main 1993.

Dachauer Hefte 7, November 1991: Solidarität und Widerstand.

Geisel, Eike; Broder, Henryk M.: Premiere und Pogrom. Der jüdische Kulturbund 1933–1941. Berlin 1992.

Goldhagen, Daniel Jonah: Hitlers willige Vollstrecker. Ganz gewöhnliche Deutsche und der Holocaust. Berlin 1996.

Hamann, Brigitte: Hitlers Wien. Lehrjahre eines Diktators. München 1996.

Hilberg, Raul: Täter, Opfer, Zuschauer. Die Vernichtung der Juden 1933–1945. Frankfurt/Main 1992.

ders.: Die Vernichtung der europäischen Juden. 3 Bde. Frankfurt/Main 1990.

Historikerstreit. Die Dokumentation der Kontroverse um die Einzigartigkeit der nationalsozialistischen Judenvernichtung. München 1987.

Jäckel, Eberhard; Rosch, Lea: »Der Tod ist ein Meister aus Deutschland«. Deportation und Ermordung der Juden. Kollaboration und Verweigerung in Europa. Hamburg 1990.

Lipstadt, Deborah: Betrifft: Leugnen des Holocaust. Zürich 1994.

Longerich, Peter (Hrsg.): Die Ermordung der europäischen Juden. Eine umfassende Dokumentation des Holocaust 1941–1945. München 1989.

Pätzold, Kurt; Schwarz, Erika: Tagesordnung: Judenmord. Die Wannsee-Konferenz am 20. Januar 1942. Berlin 1992.

Pehle, Walter (Hrsg.): Der Judenpogrom 1938. Von der »Reichskristallnacht« zum Völkermord. Frankfurt/Main 1988.

Rose, Romani; Weiss, Walter: Sinti und Roma im Dritten Reich. Das Programm der Vernichtung durch Arbeit. Göttingen 1991.

Safrian, Hans: Die Eichmann-Männer. Wien 1993.

Schoenberger, Gerhard: Der gelbe Stern. Die Judenverfolgung in Europa 1933–1945. Frankfurt/Main 1991.

Schoeps, Julius H. (Hrsg.): Ein Volk von Mördern? Die Dokumentation zur Goldhagen-Kontroverse um die Rolle der Deutschen im Holocaust. Hamburg 1996.

Young, James (Hrsg.): Mahnmale des Holocaust. Motive, Rituale und Stätten des Gedenkens. München 1994.

Stichwortregister

Aktion Sühnezeichen Friedensdienste 76
Antisemitismus 8ff, 12, 16
Ariernachweis 21, **22**
Arierparagraph 16, 18
Arisierung 28f.
Asozialen-Erlaß 69
Aufstände 62
Auschwitz 56–67
Auschwitzlüge 86, **87**
Ausschreitungen gegen Juden 31
Auswanderung der Juden 24

Befreiung der Konzentrationslager 62
Belzec 42
Birkenau 57f
B'nai B'rith 22
Bücherverbrennung 17
Bundesentschädigungsgesetz 75

Deportationen 37, 41, 47–50
Deutsche Gesellschaft für Rassenhygiene 10

Eichmann, Adolf 50, **54f**, 74
Emigrationsländer 26
Endlösung 39, 50–57
Enteignung der Juden 28, 32f
Evakuierung der Juden 48

Fest, Joachim 86
Fluchtversuche 62
Frank, Anne 81, 90

Gaskammern 58
Gesetz zur Bekämpfung von Zigeunern, Landfahrern und Arbeitsscheuen 68
Ghetto 38, 40ff, 48ff
Goebbels, Joseph 31f
Goldhagen, Daniel 7, 91f
Göring, Hermann 25, 32, 39, 50, 73f

Habermas, Jürgen 91
Herzl, Theodor 82
Heydrich, Reinhard 37f, **38f**, 40, 42, 45, 50f, 69
Himmler, Heinrich 39, 44, **45**, 57f, 63, 69f
Hitler, Adolf 9f, 14ff, 32, 39, 50
Holocaust-Denkmäler 76–84

Israel 75
– Staatsgründung 78

Jäckel, Eberhard 86
Jewish Agency 26
Jewish Claims Conference **66**, 72
Jom Ha-Shoa 82
Judenrat 40ff
Judenstern 42f, 48
Jüdischer Kulturbund 18

Klüger, Ruth 85
Kriegsverbrecherprozesse 74
Kunstraub 36

Lanzman, Claude 86
Leugnung des Holocaust 88ff
Levi, Primo 85
Lodz 41

Majdanek 58
Massaker **47**
Massenerschießungen in Rußland 44–47
Mengele, Josef 59, 70
Menschenversuche **59**, 62, 70

Nürnberger Gesetze 20f, 68

Olympische Spiele in Berlin 23
Orthodoxe Juden 12f

Pogrom 28f, 32f
Potsdamer Abkommen 73
Propagandafilme des Dritten Reichs 86

Rascher, Sigmund 59
Rath, Ernst vom 31
Reichsbürgergesetz 49
Reichsfluchtsteuer 24, **25**
»Reichskristallnacht« 30
Reichskulturkammer 18
Reichsvereinigung der Juden in Deutschland 36, 54
Reichszentrale für jüdische Auswanderung 25
Riga 50
Röhm, Ernst 45
Rosh, Lea 86

Shoah 8
Sinti und Roma 68–72
– Deportation 70
– Zwangssterilisation 70
Spielberg, Steven 86
Survivor Syndrom 85

Theresienstadt 51, 54, 56
Todesmarsch 62
Treblinka 42

Verbrechen der Wehrmacht (Ausstellung) 92
Vernichtungslager **63**
Verschwörungstheorie und Weltjudentum 12, **13**, 31

Wannsee-Konferenz 50, 56
Warschauer Ghetto 41f
Weimarer Republik 12
Wiedergutmachung 73–76
Wiesenthal, Simon 74

Yad Vashem 82

Zentralausschuß für Hilfe und Aufbau 18
»Zentrale zur Bekämpfung des Zigeuner-Unwesens« 68
Zentralrat der Sinti und Roma 72
Zionismus **15**
Zwangsarbeit 37, 51, 56, 60

Verzeichnis der Grafiken

Die ersten Konzentrationslager nach der Machtergreifung 19
Auswanderung von Juden aus Deutschland 1933–1941 26
Aufnahmeländer für jüdische Flüchtlinge 1933–1938 27
Die Reichspogromnacht vom 9. November 1938 34
Vernichtung der jüdischen Bevölkerung in Europa 1939–1945 52
Weiterverwendung der den Juden abgenommenen Gegenstände am Beispiel Auschwitz 60
Die größten Vernichtungslager 63
Wirtschaftsunternehmen und Konzentrationslager 1943 64
Außereuropäische Zielländer der Überlebenden aus den KZs 67
Herkunft der im KZ getöteten Sinti und Roma 71